PRINCIPIOS DE
LINGÜÍSTICA HISPÁNICA

GABRIEL REI-DOVAL

JAVIER RIVAS

PRINCIPIOS DE

LINGÜÍSTICA HISPÁNICA

GEORGETOWN UNIVERSITY PRESS / WASHINGTON, DC

Library of Congress Cataloging-in-Publication Data

Names: Rei Doval, Gabriel, author. | Rivas, Javier, author.
Title: Principios de lingüística hispánica / Gabriel Rei-Doval, Javier Rivas.
Description: Washington, DC : Georgetown University Press, 2024. | Includes bibli-
    ographical references and index.
Identifiers: LCCN 2024019160 (print) | LCCN 2024019161 (ebook) |
    ISBN 9781647125257 (paperback) | ISBN 9781647125264 (ebook)
Subjects: LCSH: Spanish language—Textbooks. | Linguistics—Textbooks.
Classification: LCC PC4112 .R34 2024 (print) | LCC PC4112 (ebook) |
    DDC 468.2/421—dc23/eng/20240624
LC record available at https://lccn.loc.gov/2024019160
LC ebook record available at https://lccn.loc.gov/2024019161

∞ This paper meets the requirements of ANSI/NISO Z39.48-1992 (Permanence of Paper).

26 25   9 8 7 6 5 4 3 2   First printing

Printed in the United States of America

Cover design by Nathan Putens
Interior design by Matthew Williams

Índice

Lista de tablas y figuras

Figuras

Introducción

El objetivo de este volumen es presentar los principios básicos del análisis lingüístico necesarios para entender el funcionamiento de la lengua española, las características que posee como manifestación concreta del lenguaje humano, además de su historia social y situación actual. En universidades de fuera de España e Hispanoamérica, los estudiantes del grado de español, por lo general, han tomado varios cursos en los que el análisis lingüístico es secundario o limitado, en beneficio del aprendizaje oral y escrito de la lengua. Una vez que estos objetivos se han cumplido, es habitual ofrecer al alumnado un curso introductorio de lingüística hispánica como materia obligatoria u optativa del plan de estudios, de modo que el enfoque principal del aprendizaje pasa a ser el contenido y no la lengua en sí misma.

Dentro de este contexto académico, en este libro se expondrán los conceptos fundamentales necesarios para el estudio del español como lengua humana. Nuestro volumen se centra en el análisis de los sonidos (fonética y fonología), la gramática (morfología y sintaxis), el significado (semántica y pragmática) y la historia y situación social del español. Uno de nuestros objetivos fundamentales ha sido crear un libro cuyo material se pueda cubrir íntegramente en un semestre típico de universidades anglonorteamericanas. Con este propósito en mente, se presentan los conceptos básicos de la teoría lingüística con un lenguaje sencillo y neutro, al mismo tiempo que riguroso. Se evita, en la medida de lo posible, terminología perteneciente a modelos teóricos específicos, pero, al mismo tiempo, se procura no caer en la banalización o la simplificación excesiva. De esta manera, queremos proporcionar al estudiante las herramientas necesarias para enfrentarse con garantías a cursos de lingüística más avanzados.

Al elaborar este libro de texto, nos hemos centrado en las necesidades educativas del estudiantado, en lugar de optar por nuestras preferencias teóricas e intereses personales de investigación. Por todo ello, escribimos este libro sin asumir conocimientos lingüísticos previos por parte del lector y pretendemos explicar todos los conceptos de un modo simple a la vez que sistemático. Nuestro objetivo final es intentar que el aprendizaje de cuestiones lingüísticas complejas tratadas en este método resulte lo más sencillo posible.

Este libro está dirigido a cualquier persona que esté interesada en aproximarse a la lingüística hispánica y no requiere conocimiento previo de la materia, aunque sí un nivel de competencia en español equivalente al intermedio alto, según los términos de ACTFL, o a B1.2, según el CEFR. A la hora de diseñar este volumen, nuestro punto de mira principal han sido los estudiantes del curso Introducción a la Lingüística Hispánica/ Española que se ofrece como parte de los planes de estudios del grado en español en más de ciento cincuenta universidades anglosajonas. El perfil típico del estudiantado de este curso es una persona en su segundo o tercer año de carrera que tiene un conocimiento previo muy limitado de la terminología gramatical y lingüística, incluso en su lengua nativa.

Como sucede en otras áreas, los cursos de introducción a la lingüística hispánica, generalmente, suponen un desafío, tanto para el profesorado como para el estudiantado. El carácter multidimensional del lenguaje hace que su estudio se contemple desde un amplio abanico de disciplinas lingüísticas. Asimismo, una vez acotadas las que se quieren tratar en un curso introductorio, es necesario determinar la profundidad con que se deben presentar los contenidos de cada una de ellas. *Principios de lingüística hispánica* se centra, específicamente, en la naturaleza introductoria de un curso de pregrado y, para ello, presenta una selección de contenidos de las áreas principales de la lingüística. No es este un libro de gramática avanzada y, por lo tanto, no tratamos temas como las diferencias entre "ser" y "estar" o "por" y "para". Tampoco abordaremos de manera central las variedades del español monolingüe o en contacto con otras lenguas ni los desafíos que implica el aprendizaje del español como segunda lengua. Nuestro objetivo principal es proporcionar los conocimientos básicos de lingüística que preparen al estudiantado para entender descripciones más detalladas y profundas de fenómenos lingüísticos en cursos más avanzados, como sociolingüística hispánica, historia del español, variedades del español, lingüística aplicada a la enseñanza del español, español en contacto con otras lenguas o español de los Estados Unidos, entre otros. Para preparar a los estudiantes en esta dirección, ofreceremos materiales que permitan comprender conceptos como PRONOMBRE CLÍTICO, OBJETO INDIRECTO, FORMAS DE TRATAMIENTO, LENGUA ESTÁNDAR, PIDGIN, POLISEMIA o DEÍXIS. Conceptos como estos ayudarán al estudiantado a entender fenómenos como leísmo, laísmo y loísmo cuando se presenten en cursos más específicos de historia del español o sociolingüística variacionista, o a comprender la diferencia entre un préstamo y un calco en un curso de semántica o de español de los Estados Unidos.

Cada uno de los capítulos que componen este libro comienza con una relación de los objetivos que se desean alcanzar. Se espera que los estudiantes logren estos objetivos después de leer el capítulo, participar activamente en los debates de clase y completar los ejercicios que se proponen a lo largo de la exposición de contenidos. Todos los apartados y secciones centrales de cada capítulo alternarán la presentación de contenidos con la ilustración correspondiente a través de ejercicios. Dicha alternancia pretende ayudar a entender los principales conceptos nuevos que figuran en el capítulo, y proporcionar al mismo tiempo una orientación principal en el aprendizaje propuesto.

A continuación de la lectura y ejercicios, se incluye una lista de problemas en la que proponemos actividades más complejas basadas en cuestiones relacionadas con el tema, así como con la variación, el contacto y la adquisición del español. Se espera que dichos problemas puedan resolverse utilizando los contenidos que se han desarrollado previamente en el capítulo, en ocasiones con reflexión e información adicional que el estudiante debe buscar. Al final de cada capítulo, incluimos sugerencias de lecturas que pueden ayudar a complementar, ampliar o profundizar en los temas que se han desarrollado previamente. El estudiantado puede servirse de esta información para procurar por su cuenta un conocimiento más detallado del área en cuestión.

Cada capítulo ofrece, asimismo, una diversidad de materiales gráficos y de ayuda visual. Entre dichos materiales, destacamos las tablas, gráficos, mapas e ilustraciones que en cada caso sean pertinentes. En algunos casos, se incluyen también referencias de internet con información relevante. Además de la información gráfica referida, se resalta en naranja una breve guía conceptual y de contenido, que permite al lector reconocer conceptos, perspectivas y temas principales que revisar durante y después de haber completado la lectura. Al final del libro, proporcionamos un glosario de términos lingüísticos con sus correspondientes términos en inglés, además de la lista de referencias bibliográficas citadas a lo largo del trabajo.

La versión impresa de este volumen va acompañada de materiales en línea que ayudan a reforzar el proceso de aprendizaje. Por un lado, ofrecemos en la red controles de aprendizaje para cada uno de los capítulos, en los que se busca reforzar aspectos y prácticas claves desarrollados en cada uno. Por otro lado, podrá encontrarse en el sitio web del curso una presentación de PowerPoint para cada capítulo, que puede servir para orientar el proceso de enseñanza y aprendizaje. En el sitio web aparecerán también, con acceso restringido, las soluciones a los ejercicios y problemas presentados a lo largo del volumen.

Entre las herramientas útiles para la lectura de este libro, sugerimos un diccionario bilingüe español-inglés y un diccionario monolingüe en español. Se desaconsejan las ediciones de bolsillo. Recomendamos dos diccionarios monolingües: el *Diccionario de uso del español*, de María Moliner, y el *Diccionario de la Real Academia Española*. A partir de la última edición, publicada en 2014, las actualizaciones adicionales de este último aparecen en formato virtual *online* (https://dle.rae.es). También es recomendable, por sus agrupaciones semánticas, el *Diccionario ideológico de la lengua española*, de Julio Casares.

Un buen complemento a la información que se ofrece en el capítulo de fonética y fonología es la práctica de pronunciación de los sonidos del español. Para ello, se puede acceder al sitio web creado por la Universidad de Iowa: https://soundsofspeech.uiowa.edu/spanish. En esta página, se proporciona la siguiente información para cada uno de los sonidos del español: un diagrama articulatorio animado, una descripción paso a paso de la pronunciación del sonido y un vídeo y audio del sonido pronunciado de manera aislada y en contexto.

Para los capítulos de morfología, sintaxis y semántica y pragmática, resultan también de utilidad los corpus computarizados de español. Entre ellos, se encuentran el *Corpus del español* (Davies, 2002) y el *Corpus del español del siglo XXI* (Real Academia Española). Otro recurso útil para identificar las construcciones en las que aparecen los verbos del español es ADESSE (Base de datos de Verbos, Alternancias de Diátesis y Esquemas Sintáctico-Semánticos del Español). Para cada verbo, se indican las funciones sintácticas con las que se combina y se proporcionan ejemplos específicos de uso real.

Llegar al final de un proyecto como este no hubiera sido posible sin contar con el apoyo de muchas personas que participaron en su desarrollo. En primer lugar, queremos agradecer el trabajo de todo el equipo editorial de Georgetown University Press implicado en la evaluación y edición de este manual; especialmente, a Hope LeGro, directora de Georgetown Languages y directora adjunta de la editorial, que nos guio y apoyó con profesionalidad y dedicación a lo largo del proceso de publicación. Muchas gracias a Pedro González-Puppo, por ofrecernos su experiencia como diseñador para crear los diagramas arbóreos que aparecen en este libro. Asimismo, estamos en deuda con varias generaciones de estudiantes de la Universidad de Colorado, Boulder, y de la Universidad de Wisconsin, Milwaukee, que utilizaron versiones iniciales de este volumen en cursos de Introducción a la Lingüística Hispánica y realizaron múltiples y provechosos comentarios a los materiales utilizados. Queremos expresar también nuestro agradecimiento a los revisores anónimos que participaron en las diferentes fases de evaluación de este proyecto, así como a Fernando Tejedo-Herrero y a César Gutiérrez, que leyeron versiones previas de algunos capítulos del volumen. La calidad de esta publicación aumentó notablemente gracias a la lectura atenta y a las críticas constructivas de estudiantes, revisores y colegas. Los posibles errores y omisiones solamente pueden ser atribuibles a los autores.

Lingüística: el estudio del lenguaje humano

OBJETIVOS

- Distinguir conceptos básicos de lingüística general: lenguaje/lengua/habla, competencia/actuación, competencia lingüística/competencia comunicativa, lingüística descriptiva/lingüística prescriptiva
- Reconocer las diferentes funciones del lenguaje y cómo se relacionan con los componentes del acto comunicativo
- Identificar las características del lenguaje humano y explicar cómo dan forma a la naturaleza del lenguaje
- Distinguir las variedades intralingüísticas (geográficas, sociales, individuales y sincrónicas)
- Identificar las principales disciplinas lingüísticas y sus objetos de estudio
- Utilizar ejemplos del español para ilustrar todos los conceptos de lingüística general que se presentan en este capítulo

El LENGUAJE es la capacidad que tenemos los seres humanos para comunicarnos. Se trata de un concepto general que hace referencia a nuestra principal herramienta de interacción social con los demás seres de nuestra especie. El lenguaje, común a todos los seres humanos, se manifiesta de manera más concreta a través de las LENGUAS. Son ejemplos de lenguas el español, inglés, euskera, gallego, hebreo, árabe o quechua. El término "idioma" en español es sinónimo de lengua. Por su parte, la LINGÜÍSTICA es la disciplina científica dedicada al estudio, análisis e interpretación de los fenómenos relacionados con el lenguaje y las lenguas.

En español, diferenciamos entre lenguaje y lengua, pero en inglés solo existe "language" para ambos conceptos.

EJERCICIO 1. Indica si en los siguientes contextos debe utilizarse "el lenguaje", "la lengua" o "la lingüística".

a. Las afasias son problemas de trastorno de _____.

b. Necesitas _____ para masticar, tragar y cantar.

c. Quiero estudiar _____ aplicada a la enseñanza de la lengua.

d. La Academia ha publicado una nueva edición del Diccionario de _____ Española.

e. _____ tiene muchas aplicaciones prácticas en el mundo de hoy.

f. Las personas del espectro autista pueden tener problemas con _____.

g. Si no recuerdas cómo usar ciertas letras, deberías consultar la Ortografía de _____ española.

h. Esta es la primera clase de un curso sobre _____ del español.

i. Los tres primeros años de vida son cruciales para el desarrollo de _____.

j. Los niveles de uso de _____ se dividen entre vulgar, medio y culto.

k. El estudio de los sonidos del habla forma parte de _____.

l. Ha habido cambios en _____ inglesa debido al uso de internet.

m. _____ cifrado se utiliza en comunicaciones secretas.

n. Es importante delimitar el objeto de _____ y sus diferentes ramas de estudio.

o. Se han encontrado nuevos datos sobre _____ más antigua originaria de América.

En este tema, nos centraremos en algunas características básicas de estos tres conceptos: lenguaje, lengua y lingüística. Veremos cómo se distinguen de otros conceptos básicos, como habla, competencia (lingüística y comunicativa) y actuación. En lo que respecta al lenguaje, estudiaremos tanto sus características definitorias como las funciones que puede desempeñar en el acto comunicativo. Veremos, a través de ejemplos del español, cómo puede variar una lengua según una serie de coordenadas (geográficas, sociales, individuales y temporales). También analizaremos la diferencia entre lingüística prescriptiva y lingüística descriptiva, y haremos un recorrido por las principales disciplinas lingüísticas para determinar cuál es su objeto de estudio.

1.1. FUNCIONES DEL LENGUAJE

Cuando nos comunicamos a través del lenguaje, existe siempre uno o varios propósitos detrás de nuestro mensaje, a pesar de que no somos plenamente conscientes, en cada momento, de nuestras intenciones. Dichos propósitos constituyen lo que denominamos FUNCIONES DEL LENGUAJE, que podemos dividir en las siguientes categorías:

INFORMATIVA o REPRESENTATIVA. El objetivo del mensaje es transmitir a nuestro interlocutor contenidos (hechos, situaciones) que hacen referencia a la realidad externa al lenguaje. La función informativa se centra en los referentes (personas, objetos, eventos) del acto comunicativo. Un ejemplo de esta función sería *Tengo un hermano y dos hermanas.*

EXPRESIVA. Esta función nos permite transmitir nuestros sentimientos y actitudes a través del lenguaje. La función expresiva se centra en el emisor del mensaje. Por ejemplo: *¡Estoy cansado!* o *¡Qué bien que has llegado!*

DIRECTIVA o APELATIVA. El objetivo en este caso es provocar alguna reacción o comportamiento en el interlocutor a través de un mandato, un ruego o una petición. La función directiva está orientada al receptor del mensaje. Ejemplo de esto sería *Déjame salir.*

 Las funciones del lenguaje son estas (y pueden combinarse): informativa, expresiva, directiva, fática, factitiva, lúdica y metalingüística.

FÁTICA. Lo que pretendemos con nuestras palabras en esta función del lenguaje es asegurarnos de que se establece, se mantiene o se termina la comunicación. La función fática se centra en el canal donde tiene lugar el acto comunicativo, es decir, el medio por el que se transmite el mensaje (aire, teléfono, internet). Ejemplos de la función fática son *¿Me escuchas?, ¿Estás ahí?* o *¿Aló?*

FACTITIVA o PERFORMATIVA. Es una función del lenguaje mediante la cual provocamos una acción o cambio en la realidad a través del uso lingüístico. Son ejemplos de esta función expresiones como *Los declaro marido y mujer, Queda usted arrestado* o *Este jurado la condena a cinco años de cárcel.*

LÚDICA (también llamada ESTÉTICA o POÉTICA). El objetivo de nuestras palabras cuando utilizamos esta función es satisfacer las necesidades de juego, humor y recreo a través del lenguaje. La función lúdica se centra en el mensaje mismo. Ejemplos de ella son *Tres tristes tigres tragaban trigo en un trigal, Una señorita muy señoreada, siempre va en coche y siempre va mojada, A Cuesta le cuesta subir la cuesta, y en medio de la cuesta, ¡va y se acuesta!*

METALINGÜÍSTICA. Es la que nos permite realizar aclaraciones o explicaciones relacionadas con el mismo lenguaje. La función metalingüística se dirige al código o lengua que utilizamos para transmitir nuestro mensaje. Ejemplos: *La palabra "cómodo" se acentúa porque es esdrújula, Todas las palabras acabadas en "-mente" son adverbios, Los adjetivos normalmente son modificadores.*

Podemos establecer una relación entre las funciones del lenguaje y los componentes del acto comunicativo, como se puede ver en la tabla 1.1:

TABLA 1.1. Funciones del lenguaje y componentes del acto comunicativo

Emisor (función expresiva)	Mensaje (función lúdica)	Receptor (función directiva)
	Referente (función informativa)	
	Canal (función fática)	
	Código (función metalingüística)	

En un mismo mensaje, se puede identificar, generalmente, más de una función. Es decir, en la mayoría de los mensajes, la función no es exclusivamente representativa o expresiva, por ejemplo, aunque a menudo tienen una función que destaca sobre las demás.

EJERCICIO 2. Indica qué función/es del lenguaje están detrás de las siguientes secuencias. Justifica la respuesta.
a. Dicen que va a llover hoy.
b. ¿Estudias o trabajas?
c. A caballo regalado, no le mires el diente.

d. Mi hermana es mayor que yo.

e. Déjate de historias y ponte a trabajar.

f. Aunque la mona se vista de seda, mona se queda.

g. ¡Qué contento estoy de que me haya tocado la lotería!

h. Los verbos transitivos tienen complemento directo.

i. Los declaro marido y mujer.

j. Perro ladrador, poco mordedor.

k. ¿Cómo estás?

l. Queda usted arrestado.

m. ¡Fuera de clase!

n. Los adjetivos tienen género y número.

o. Mi padre tiene sesenta años.

p. En martes, ni te cases ni te embarques.

q. Déjame en paz.

r. Señor López, lo sentenciamos a realizar servicios comunitarios durante tres meses.

s. Más vale pájaro en mano que ciento volando.

t. Tiene derecho a guardar silencio.

EJERCICIO 3. Identifica las funciones del lenguaje que aparecen en el siguiente diálogo. Ten en cuenta que un mismo mensaje puede representar varias funciones.

Luis: Begoña, ¿me traes un ibuprofeno, por favor?

Begoña: ¿Qué te pasa?

Luis: ¡Dios mío! ¡Me duele tanto la cabeza! Estoy hecho un desastre.

Begoña: Es mejor el paracetamol.

Luis: ¿Y tú cómo lo sabes?

Begoña: Es que el otro día el médico me dijo: "Cuando te duela mucho la cabeza, no hay nada mejor que el paracetamol".

Luis: Pues sí que es bueno. Nada más tomarlo, ya no me duele la cabeza. Esto es coser y cantar.

Begoña: ¡Cómo me alegra que te sientas mejor!

Luis: Gracias. Ahora tengo que volver al trabajo. Nos vemos pronto, que te vaya bien.

1.2. CARACTERÍSTICAS DEL LENGUAJE HUMANO

Aunque no se sabe exactamente cuándo surgió el lenguaje en su dimensión oral —los cálculos más conservadores argumentan que existe desde hace, aproximadamente, unos cien mil años, mientras que para algunos especialistas el lenguaje puede haber existido desde hace casi un millón de años—, sí sabemos que el lenguaje oral es mucho más antiguo que el escrito. De hecho, el primer sistema de escritura del que tenemos constancia es la escritura cuneiforme, que apareció en la antigua Mesopotamia hace unos cinco mil quinientos años.

 El lenguaje oral existe desde hace al menos cien mil años; el escrito, desde hace al menos cinco mil quinientos.

En la actualidad, hay entre tres mil y cinco mil lenguas en el mundo. La gran discrepancia existente entre una cifra y otra está relacionada con el hecho de que tanto los lingüistas como los hablantes, con frecuencia, no se ponen de acuerdo en qué variedades deben ser consideradas lenguas y cuáles deberían denominarse DIALECTOS (es decir, variedades intraidiomáticas). En realidad, la propia diferenciación entre lengua y dialecto ha sido en sí misma objeto de gran controversia en los estudios lingüísticos, al haber sido utilizada de diferentes modos. En la mayor parte de los casos, se apela a cuestiones sociopolíticas para tratar una determinada variedad lingüística como lengua y no como dialecto. De este modo, se intenta privilegiar o considerar superiores las lenguas mayoritarias asociadas con un Estado o país independiente (español, inglés o francés) frente a las lenguas históricamente sometidas a minorización social (quechua, aimara, gallego o catalán). Tal diferenciación no tiene base lingüística, sino que es producto de ideologías nacionalistas y valores políticos ajenos a la igualdad de las lenguas y a la dignidad de sus hablantes.

Resulta difícil establecer criterios claros y consistentes para distinguir entre lengua y dialecto. El único criterio propiamente lingüístico es la inteligibilidad mutua. Sin embargo, este criterio tampoco resulta siempre efectivo para distinguir dos variedades interidiomáticas (es decir, dos lenguas) de dos variedades intraidiomáticas (es decir, dos dialectos de una misma lengua). Esto se debe a dos motivos:

a. La inteligibilidad es un fenómeno gradual. Un hablante de español, por ejemplo, entiende más portugués que francés, pero más francés que euskera.

b. El grado de inteligibilidad no es siempre mutuamente equivalente. Los hablantes de portugués entienden mejor el español que los hablantes del español el portugués.

Para decidir la naturaleza de una lengua, se han utilizado criterios lingüísticos, como la inteligibilidad, y extralingüísticos, como la independencia política del territorio.

Uno de los principales debates que se han producido en lingüística, en particular en las últimas décadas, es si el lenguaje debe entenderse como un fenómeno principalmente mental/individual o social. Los lingüistas han debatido si el lenguaje debe ser interpretado como un fenómeno explicable en conexión con la capacidad humana residente en el cerebro para que las personas desarrollen la comunicación a través de una lengua humana. Si se le da prioridad a su carácter mental, el lenguaje es, ante todo, resultado de la plasticidad del cerebro y del código genético que, como seres humanos, nos han transmitido y hemos adquirido para representar la realidad. Para otros lingüistas, por el contrario, el desarrollo del lenguaje es, ante todo, un fenómeno social, puesto que, sin la interacción con otros seres humanos, todo nuestro código genético y capacidades innatas son insuficientes para que aprendamos a comunicarnos; en otras palabras, es la interacción con otros seres de nuestra misma especie lo que permite que surja y desarrollemos el lenguaje humano. En este sentido, conviene recordar a los llamados "niños salvajes", criados sin seres humanos a su alrededor, que no han sido capaces de desarrollar plenamente la capacidad para hablar.

La interacción con otros individuos de nuestra especie es fundamental para la adquisición individual del lenguaje.

EJERCICIO 4. ¿Cuántas lenguas se hablan en el mundo?
a. Alrededor de cuarenta.
b. Cuatrocientas cincuenta.
c. Entre tres mil y cinco mil.
d. Más de cien mil.

EJERCICIO 5. La diferencia entre lengua y dialecto . . .
a. Es una diferencia neutral.
b. Está condicionada por factores extralingüísticos.
c. Está definida por criterios perfectamente claros y consistentes.
d. No está condicionada por los niveles de inteligibilidad.

Los humanos no somos los únicos seres vivos que nos comunicamos entre nosotros en el planeta. Los animales también han desarrollado sistemas de comunicación para comunicarse entre ellos, algunos muy complejos, como es el caso del sistema de comunicación de las abejas, conocido como la danza de las abejas, o de algunos primates (p. ej., los gibones). Sin embargo, el sistema de comunicación desarrollado por los seres humanos posee características específicas que lo diferencian de los sistemas de comunicación de otros animales. A continuación, presentamos los principales rasgos definitorios del lenguaje humano.

 Además de los seres humanos, otros animales tienen también sistemas de comunicación.

1.2.1. Oralidad
La articulación del lenguaje oral y su aprendizaje en la etapa inicial de nuestra vida es una característica inherente a la especie humana. Todos los individuos aprendemos a hablar y, si alguien no lo hace, surge una preocupación y buscamos la razón y posibles terapias para corregir dicha situación. En otras situaciones humanas se produce la comunicación sin la presencia de elementos orales, como es el caso del lenguaje de signos o de señas, un sistema de comunicación visual y gestual que emplean las personas con discapacidades auditivas o dificultades para la comunicación oral. El lenguaje de signos es un sistema de comunicación independiente del lenguaje oral y de una complejidad estructural semejante a este. Surge de la capacidad de hacer señas con la que están dotados los seres humanos. Asimismo, existen otros sistemas de comunicación no oral. Por ejemplo, para las personas sordociegas, se han creado el lenguaje de señas táctil y el tadoma, un método de lectura de labios a través de las manos.

El lenguaje es fundamentalmente oral. Todos los individuos humanos aprendemos a hablar en las etapas iniciales de la vida.

El ser humano aprende a hablar mucho antes que a escribir. De hecho, conviene recordar que existen innumerables lenguas en el mundo que no han desarrollado un sistema de escritura, mientras que ninguna de las lenguas humanas carece de registro oral. Todo ello nos hace pensar que la lengua hablada debe tener prioridad sobre la escrita, a pesar de que los gramáticos tradicionales han mantenido la postura contraria.

 Primero se aprende a hablar, después a escribir. La lengua hablada tiene prioridad sobre la escrita. De hecho, muchas lenguas no tienen escritura.

1.2.2. Arbitrariedad

La lingüística moderna describe las unidades lingüísticas como SIG-NOS, es decir, unidades biplanas que constan de un significante (fónico o escrito) y un significado (conceptual, semántico). La relación entre significante y significado es arbitraria; es decir, no existe ninguna moti-vación natural ni parecido formal entre el significante y el significado de un signo. Así pues, el concepto representado por 'lugar para sentarse con un respaldo y cuatro patas' corresponde en español al significante "silla", con el cual no mantiene ninguna relación directa o parecido físico; de hecho, esta palabra se denomina "chair" en inglés y "cadeira" en gallego. Para el análisis del lenguaje humano, es también importante considerar la existencia de iconos (en los que existe un parecido formal entre las características del objeto representado y su forma lingüística).

 El signo lingüístico consta de un significante y un significado. La rela-ción entre el significante y el significado no es natural ni está motivada.

Las onomatopeyas, por ejemplo, presentan un cierto grado de ico-nicidad (el significante tiene un parecido formal con el significado que transmite). Sin embargo, el significante no coincide exactamente en las diferentes lenguas. Por ejemplo, la representación del zumbido de las abejas se realiza como "zzzz" en español, mientras en inglés es "bzzz";

cuando llamamos a una puerta en español decimos "toc, toc" y, en inglés, "knock, knock"; el ruido de los relojes en español es "tic, tac", mientras en inglés es "tick, tock" y el sonido del gallo en español es "kikiriki", mientras en inglés es "cock-a-doodle-doo".

EJERCICIO 6. Además de los existentes en la lectura, trata de buscar otros ejemplos de onomatopeyas representadas de forma diferente en español y en inglés o en otras lenguas.

1.2.3. Contextualidad

Este principio establece que, para obtener el significado completo de una unidad lingüística, es necesario considerar el contexto en el cual dicha unidad se encuentra situada. En este sentido, para saber cuál es el significado de la palabra "cabo" en español, hay que tener en cuenta el conjunto del mensaje en el que se inserta:

a. Lo ascendieron a cabo ('cargo militar') después de tres meses de servicio.
b. En la escuela primaria estudiábamos los principales cabos ('accidente geográfico') y golfos del mundo.
c. Vamos a llevar a cabo ('realizar') diferentes pruebas para averiguar cuál es el problema.

 El contexto sirve para aclarar el significado de muchas unidades lingüísticas.

1.2.4. Desplazamiento

Las señales o signos del lenguaje humano pueden referirse a eventos alejados en el tiempo o en el espacio con respecto a la situación del hablante. Gracias al DESPLAZAMIENTO, podemos hablar de situaciones que sucedieron con anterioridad al momento del habla o que predecimos que van a suceder en el futuro. También nos permite hacer referencia a eventos que ocurren en un lugar distinto a donde tiene lugar el acto comunicativo. Por ejemplo, a través del lenguaje, podemos hablar de la llegada del ser humano a la luna el 20 de julio de 1969.

1.2.5. Recursividad

La RECURSIVIDAD es la capacidad que tiene una unidad lingüística de generarse a sí misma. Según este principio, una unidad lingüística dada puede albergar en su interior esa misma unidad lingüística. Así, en el seno de una oración puede aparecer otra oración. Por ejemplo, [*Pedro llegó ayer*] es una oración que puede aparecer en el interior de otra oración más compleja como [*Sara dice* [*que* [*Pedro llegó ayer*]]]. Igualmente, la palabra "blanco" aparece dentro de la palabra "rojiblanco".

Desplazamiento: referencia a eventos alejados en el espacio o en el tiempo.
Recursividad: una unidad tiene dentro otra igual.
Productividad: capacidad de generar infinitos mensajes nuevos.
Prevaricación: usamos el lenguaje para mentir.
Reflexividad: el lenguaje habla de sí mismo.

1.2.6. Productividad

Los usuarios del lenguaje humano somos capaces de generar infinitos mensajes con un número finito de elementos. Por ejemplo, en español, disponemos de veinticuatro fonemas (diecinueve consonantes y cinco vocales), cuyas múltiples combinaciones posibles dan lugar a un número potencialmente infinito de mensajes diferentes. Asimismo, a través de un número de palabras y formas gramaticales limitadas, es posible crear mensajes que nunca hayan sido articulados anteriormente.

1.2.7. Prevaricación

El lenguaje humano puede emitir mensajes que no son verdaderos; es decir, el lenguaje nos sirve para decir mentiras. Aunque esté lloviendo, podemos decir que calienta el sol o insistir en que llegamos a casa a las dos de la madrugada cuando en realidad eran las cinco. En la historia de la humanidad, se ha utilizado frecuentemente la prevaricación para acceder a puestos de influencia o de poder.

1.2.8. Reflexividad

Se puede utilizar el lenguaje humano para hablar del lenguaje mismo (cf. función metalingüística, vid. § 1.1). La REFLEXIVIDAD nos permite, por ejemplo, decir que en español la palabra "día" tiene género masculino o que en las narraciones de eventos que tuvieron lugar en el pasado alternamos entre el pretérito y el imperfecto.

1.2.9. Doble articulación

Todos los mensajes pueden descomponerse/segmentarse/analizarse en unidades menores. Decimos que, cuando las unidades se segmentan hasta llegar a la unidad mínima con significado (el morfema), estamos trabajando en la primera articulación. Sin embargo, cuando segmentamos y descomponemos el mensaje hasta llegar a la unidad mínima con únicamente significante (el fonema), estamos trabajando en la segunda articulación.

En la primera articulación, descomponemos las unidades en otras más pequeñas con significante y significado. De este modo, las oraciones se pueden analizar en frases, las frases en palabras y, a su vez, las palabras en morfemas, como se muestra en el siguiente ejemplo:

> Algunos estudiantes querían estos abrigos (oración).
> Algunos estudiantes – querían – estos abrigos (frases).
> Algunos – estudiantes – querían – estos – abrigos (palabras).
> Algun-o-s estudi-ante-s quer-ía-n est-o-s abrigo-s (morfemas).

En la segunda articulación, se analiza una unidad lingüística en unidades más pequeñas con solamente significante (sílabas y fonemas):

> al-gu-no-ses-tu-dian-tes-que-rí-a-nes-to-sa-bri-gos (sílabas).
> /a-l-g-u-n-o-s-e-s-t-u-d-i-a-n-t-e-s-k-e-ɾ-i-a-n-e-s-t-o-s-a-
> b-ɾ-i-g-o-s/ (fonemas).

EJERCICIO 7. ¿Qué diferencia existe entre la primera y la segunda articulación del lenguaje? Da ejemplos de ambos tipos de análisis.

EJERCICIO 8. Combina los elementos de la primera y la segunda columna:

Columna A	Columna B
Primera articulación	Análisis en elementos lingüísticos que no tienen significado.
Recursividad	Capacidad del lenguaje para hablar de sí mismo.
Segunda articulación	El lenguaje permite emitir mensajes no verdaderos.
Contextualidad	Análisis en elementos lingüísticos entre la oración y el morfema.
Reflexividad	El signo lingüístico puede referirse a elementos distantes en el tiempo/espacio.
Productividad	Solo las onomatopeyas presentan un parecido formal entre significado y significante.
Desplazamiento	Dentro de una oración, puede haber otra oración.
Prevaricación	Producimos infinitos mensajes con elementos finitos.
Arbitrariedad	Muchas lenguas carecen de variedad escrita.
Oralidad	La palabra "ratón" puede referirse a un animal o una herramienta electrónica.

1.3. LENGUA Y HABLA, COMPETENCIA Y ACTUACIÓN, COMPETENCIA LINGÜÍSTICA Y COMUNICATIVA

Los estudiosos de la historia de la lingüística suelen considerar que esta disciplina se convirtió en autónoma a principios del siglo XX, cuando surgió la corriente estructuralista de la mano de, entre otros, Ferdinand de Saussure. En esta corriente, la unidad básica es el SIGNO, una unidad biplana con significante (fónico) y significado (conceptual). Por ejemplo, la palabra "árbol" es un signo que tiene un significante (los sonidos que emitimos al pronunciar esa palabra: /a/, /r/, /b/, /o/, /l/) y un significado (el concepto de 'árbol'). Así pues, una LENGUA es un sistema de signos que utiliza una comunidad de hablantes en una sociedad. Por otro lado, el HABLA es el uso concreto de una lengua por parte de hablantes individuales.

Lengua: sistema de signos. Habla: uso concreto de la lengua.

La distinción lengua vs. habla, cuya base está en el carácter social del lenguaje, tiene su reflejo en la dicotomía entre COMPETENCIA y ACTUACIÓN que presenta Noam Chomsky dentro de una de las corrientes estructuralistas más productivas: el generativismo. Competencia, dentro de la tradición generativa, es el conocimiento implícito que tiene el hablante de su propia lengua y que le permite producir y descifrar enunciados o mensajes. La actuación es el uso concreto que el hablante hace de su competencia. La diferencia entre competencia y actuación está basada en el carácter mental del lenguaje.

A partir del término COMPETENCIA LINGÜÍSTICA, acuñado por la corriente generativista, se ha pasado posteriormente a utilizar otro relacionado, denominado COMPETENCIA COMUNICATIVA. Mientras el primero hace referencia al conocimiento tácito de las reglas lingüísticas, el segundo pone su énfasis en las reglas que rigen la comunicación, igualmente necesarias para la interacción entre los seres humanos. Por ejemplo, por su competencia lingüística, un hablante de español sabe que no es posible decir *No déle las llaves porque, en español, salvo algunas excepciones, los pronombres de objeto indirecto (como "le" en el ejemplo) aparecen antes de los verbos conjugados (No le dé las llaves). La competencia comunicativa del hablante le permite entender, por ejemplo, en qué contextos es adecuado en español utilizar un mandato negativo en lugar de otras maneras más indirectas de dar una orden (p. ej., Le pediría que no le dé las llaves o Si no le importa, me quedo yo con las llaves). Este concepto será de suma utilidad para comprender debidamente conceptos pragmáticos como la cortesía, que veremos en el capítulo 6.

EJERCICIO 9. Indica si la elección entre las siguientes secuencias es parte de la competencia lingüística o la competencia comunicativa:
a. Dijo que íbase – Dijo que se iba
b. Quiero que te vayas – Quiero que se vaya
c. Pregunta para la dirección del hotel – Pregunta por la dirección del hotel
d. Dudo que se fue – Dudo que se fuera
e. ¡Qué chévere! – ¡Qué guay! – ¡Qué padre!
f. Me corté el pelo – Corté mi pelo

1.4. LINGÜÍSTICA PRESCRIPTIVA Y LINGÜÍSTICA DESCRIPTIVA

Esta diferencia se obtiene tras analizar las actitudes y aproximaciones de los lingüistas hacia el objeto descrito: la lengua. La LINGÜÍSTICA PRESCRIPTIVA tiene como objetivo describir y codificar la lengua en la forma que considera correcta. El objetivo de quienes se sitúan en la lingüística prescriptiva es determinar cuáles son los usos correctos e incorrectos al hablar y escribir una lengua y potenciar la utilización de las formas consideradas "correctas". En la lingüística prescriptiva, por lo tanto, se emiten juicios de valor sobre los usos lingüísticos y se considera que algunas maneras de hablar son "mejores" o "más correctas" que otras. Se suele apelar al lenguaje escrito como modelo para determinar los usos correctos de la lengua. Esta aproximación concibe las lenguas como entidades fijas e inmutables y, como consecuencia de ello, existe una enorme resistencia a la variación y al cambio lingüísticos.

- La lingüística prescriptiva mira al pasado, considera la lengua inmutable, prefiere la lengua escrita y hace juicios de valor sobre el uso (correcto o incorrecto).
- La lingüística descriptiva se centra en los hablantes; todos los usos tienen el mismo valor y tiene una actitud abierta ante el cambio.

En español, la gramática prescriptiva la establece la Real Academia Española, y en ella se suele reconocer la autoridad lingüística en los países donde el español es lengua oficial. Algunas reglas de la lingüística prescriptiva del español son las siguientes:

a. Es incorrecto decir *Habían diez chicos en el parque*. Debemos decir *Había diez chicos en el parque*. Regla: el verbo "haber" es impersonal; se debe utilizar siempre en tercera persona de singular (*Había un chico/diez chicos, hubo un chico/diez chicos*).

b. Es incorrecto decir *Pienso de que no tienes razón*. Debemos decir *Pienso que tienes razón*. Regla: la mayoría de los verbos del español no exigen la preposición "de" antes de "que". Algunas excepciones son "dudar de que" o "informar de que". El uso de "de" antes de "que" con otros verbos se conoce como "dequeísmo".

c. Es incorrecto decir *Haiga paz*. Debemos decir *Haya paz*. Regla: el presente de subjuntivo del verbo "haber" es "haya" y no "haiga".

En inglés encontramos también reglas prescriptivas:
a. Es incorrecto decir *What are you talking about?* Debemos decir *About what are you talking?* Regla: las preposiciones no pueden aparecer al final de la oración.
b. Es incorrecto decir *Elizabeth and me are coming too*. Debemos decir *Elizabeth and I are coming too*. Regla: se utiliza "I" cuando el pronombre funciona de sujeto y "me" cuando el pronombre funciona de objeto o va después de preposición.
c. Es incorrecto decir *To clearly explain*. Debemos decir *To explain clearly*.
   Regla: no se puede separar "to" del infinitivo.

La distinción entre usos correctos e incorrectos conlleva que estos últimos estén estigmatizados normalmente, en especial, por los grupos sociales dominantes. En algunos casos, sin embargo, estas formas "incorrectas" pueden tener, a veces, prestigio "encubierto" dentro de la comunidad de habla que las utiliza, porque se suelen asociar con marcadores de identidad o pertenencia a la comunidad.

Frente a la lingüística prescriptiva, la LINGÜÍSTICA DESCRIPTIVA surge a partir del siglo XIX para describir la lengua tal y como la usan sus hablantes. El lingüista identifica cómo es el uso real de la lengua, no cómo debería usarse. Por lo tanto, se considera que todas las variedades lingüísticas tienen el mismo valor, asumiendo que las lenguas son inherentemente variables y que el cambio lingüístico es inevitable.

EJERCICIO 10. Indica si las siguientes afirmaciones corresponden a la lingüística descriptiva o prescriptiva.
a. El uso del dequeísmo es incorrecto en español.
b. "Casar" y "cazar" se pronuncian igual en Latinoamérica.
c. En Colombia se habla mejor español que en Puerto Rico.
d. En Buenos Aires se habla español de forma diferente que en México.
e. El uso de palabras malsonantes no es adecuado.
f. No debemos utilizar palabras tomadas de lenguas extranjeras.
g. Los niños adquieren tardíamente los verbos irregulares.

1.5. VARIACIÓN INTRALINGÜÍSTICA

Como hemos visto, la capacidad de comunicarnos de los seres humanos llamada lenguaje se manifiesta en las diferentes lenguas que se hablan en el mundo. En lingüística, analizamos las constantes y los principios universales del lenguaje, pero también la variedad y diversidad de las lenguas. Además, una de las características más destacadas de las lenguas es su variación interna. Como usuarios de una o más lenguas, somos conscientes de esta variación, que podemos clasificar en diferentes tipos, según veremos en los siguientes párrafos.

En primer lugar, tenemos la variación geográfica o regional, según la cual las lenguas se hablan de formas diferentes en distintas áreas y regiones. Este tipo de variación se suele llamar también VARIACIÓN DIATÓPICA. La variación diatópica da lugar a DIALECTOS o variedades geográficas. Por ejemplo: si escuchamos un mensaje como *¿Qué yo quiero come[l]?* lo asociamos con la variedad caribeña, dado que presenta las siguientes características típicas de esta variedad:

* Orden SUJETO-VERBO ("yo quiero") en una pregunta (*¿Qué yo quiero?*). Este fenómeno se conoce como ausencia de inversión VERBO-SUJETO en oraciones interrogativas.
* Cambio de /ɾ/ a [l] a final de palabra ("come/ɾ/" > "come[l]"). Este fenómeno se conoce como lateralización de /ɾ/.

EJERCICIO 11. Teniendo en cuenta las palabras que aparecen subrayadas en los siguientes enunciados, determina en qué dialectos del español se pronunciarían estos enunciados.
a. Ya va a llegar tu papá. ¡Córrele! ¡Apúrate a hacer todo esto!
b. ¿Vos querés ir a la playa? ("y" se pronuncia como "g" en "genre" en inglés).
c. ¿Cuántas de vosotras ganáis más dinero que vuestros maridos?
d. Mañana voy a arreglar la clocha de mi troca.

La variación social, también llamada DIASTRÁTICA, es la que se produce entre los diferentes grupos sociales. En realidad, diferentes formas de hablar son resultado e indicador de la pertenencia a un determinado grupo social. Las clases más acomodadas de la sociedad utilizan formas lingüísticas prestigiosas para marcar la distinción del grupo social que las caracteriza, al tiempo que los grupos más desfavorecidos de la sociedad pueden utilizar formas lingüísticas que, aunque no gozan de prestigio en el conjunto de la sociedad, sirven para marcar solidaridad y pertenencia a dichos grupos. Muchas de estas formas se consideran subestándar y están estigmatizadas. Naturalmente, las personas tienen la posibilidad y pueden marcar, consciente o inconscientemente, su pertenencia a un grupo social u otro dependiendo de factores diversos. La variación social se manifiesta en los diferentes SOCIOLECTOS que podemos identificar en una lengua determinada. Por ejemplo, las formas "haiga" (presente del subjuntivo del verbo "haber") en oraciones como *No creo que haiga pasado nada malo* o "nadien" (pronombre indefinido) en *Nadien estuvo allí para ayudarlo cuando se enfermó de la COVID-19* son formas que se asocian con variedades del español de individuos con un nivel socioeconómico y cultural bajo, y no necesariamente con determinadas variedades geográficas.

La variación contextual o DIAFÁSICA es aquella según la cual una misma persona utiliza formas lingüísticas coloquiales o formales según las necesidades, capacidad y voluntad de acomodarse a un contexto u otro. En mayor o menor medida, nuestro modo de hablar varía según sea una conversación informal entre amigos o conocidos, o una interacción formal en la que la familiaridad con nuestros interlocutores es limitada. La variación contextual da lugar a diferentes registros. Compárese, por ejemplo, *¿Le podría ofrecer algo de tomar?* con *Oye, ¿quieres tomar algo?*

Finalmente, tenemos un cuarto tipo de variación intralingüística: la variación temporal o DIACRÓNICA, que también podemos considerar resultado del llamado CAMBIO LINGÜÍSTICO. Todas las lenguas experimentan cambios a lo largo del tiempo, y dicho cambio está en contacto directo y es, con frecuencia, consecuencia de los otros tres tipos de variación (geográfica, situacional y social). La variación temporal da lugar a variedades SINCRÓNICAS. Algunas características del español de variedades sincrónicas anteriores al siglo XX son las siguientes:

a. Presencia de tiempos verbales en desuso hoy en día como el futuro de subjuntivo o el pretérito anterior:

> Adonde <u>fueres,</u> haz lo que <u>vieres.</u>
> ¡Oh, cómo se holgó nuestro buen caballero cuando <u>hubo hecho</u> este discurso!

b. Los pronombres de objeto directo, indirecto y reflexivos aparecen después del verbo conjugado (en posición enclítica):

> <u>Dejósele</u> abandonado en cuanto puso los pies en el suelo, y entró en la corralada.
> <u>Viole</u> alejarse Macabeo.

c. Uso del verbo "ser" como auxiliar de perfecto:

> Nacido <u>es</u> el Criador.

d. Uso de "vuestra merced" ("usted"):

> Pues sepa <u>Vuestra Merced</u> ante todas cosas que a mí llaman Lázaro de Tormes.

La tabla 1.2 resume los tipos de variación interlingüística con ejemplos tomados del español.

TABLA 1.2. La variación intralingüística

Variación	Variedades	Ejemplos
en el tiempo: temporal o diacrónica	variedades sincrónicas	español medieval / español del siglo XX
en el espacio: regional o diatópica	variedades geográficas o dialectos	español caribeño / español andino
sociocultural o diastrática	sociolectos	español de la clase media / español de la clase trabajadora
en un mismo hablante: contextual o diafásica	registros	español culto / español coloquial

La aparición de un mismo fenómeno lingüístico puede estar condicionada tanto por la variación espacial como por la socioeconómica y la situacional. Veamos un ejemplo con la pronunciación del fonema /s/. Podemos identificar dos maneras fundamentales de pronunciar /s/ en español: sibilante[s] y reducida. Cuando se pronuncia de manera reducida, /s/ puede producirse como una aspirada [h] (como la "h" de "house" en inglés) o una elisión, si la /s/ no se pronuncia. Esta variación es más frecuente en posición final de sílaba o de palabra que a principio de sílaba o palabra. Por ejemplo, estas son las variantes de la palabra "hasta":

- sibilante: /ˈas.ta/
- reducida:
  - aspirada: /ˈah.ta/
  - elidida: /ˈa.ta/

La reducción de /s/ es un fenómeno que aparece en los siguientes dialectos del español: andaluz y canario (España), caribeño (Cuba, Puerto Rico, República Dominicana, zonas costeras de Colombia y Venezuela) y cono sur (Argentina, Uruguay, Chile). En estos dialectos del español, no todos los hablantes reducen la /s/ y los hablantes que la reducen no lo hacen en todos los contextos. Se podrían identificar las siguientes tendencias:

- En lo que respecta al sociolecto del hablante: cuanto más bajo sea el nivel socioeconómico y cultural del hablante, más frecuente será la presencia de las variantes reducidas de /s/ en su discurso.
- En lo que respecta al registro: cuanto más informal sea el registro, más frecuente será la presencia de las variantes reducidas en el discurso del hablante.

 La variación intralingüística incluye variación regional/diatópica, temporal/diacrónica, social/diastrática y contextual/diafásica. La lengua estándar, aunque tiene más prestigio, es una variedad más.

La forma de hablar utilizada en situaciones formales suele denominarse VARIEDAD ESTÁNDAR. En el caso del español, dicha variedad presenta diferencias mínimas a lo largo y ancho de los diferentes países hispanohablantes. Sin embargo, puede decirse que existen varios centros de difusión (Argentina, España, México, etc.), por lo que el español se suele considerar una lengua pluricéntrica. Las variedades estándares constituyen formas elaboradas a partir de la lengua coloquial u oral espontánea, con frecuencia coincidentes con la variedad utilizada en la escuela, que también se aproxima a la forma de hablar de los grupos sociales más acomodados de la sociedad.

EJERCICIO 12. Indica si estas variedades surgen como consecuencia de la variación diacrónica, diatópica, diastrática o diafásica.
a. El español del siglo XVIII
b. El español andino
c. El andaluz
d. El español utilizado en una despedida de soltero
e. El español de los corredores de bolsa
f. El español actual
g. El español utilizado en una clase de filosofía
h. El español de la aristocracia

1.6. LAS DISCIPLINAS LINGÜÍSTICAS

El lenguaje humano constituye una realidad verdaderamente compleja, por lo que la lingüística está formada por un conjunto de disciplinas especializadas en algún aspecto concreto del lenguaje. Podemos clasificar estas disciplinas según diferentes criterios. Por ejemplo, algunas disciplinas se centran en el estudio de alguna faceta interna del lenguaje (los sonidos del habla, las oraciones), mientras que otras estudian la relación entre el lenguaje y algún aspecto externo (la sociedad, la cultura, el cerebro, la mente). Además, algunas disciplinas lingüísticas tienen objetivos primordialmente teóricos; es decir, buscan adquirir conocimiento, mientras que en otras el objetivo es resolver problemas reales (por ejemplo, la lingüística aplicada a la enseñanza de lenguas tiene como objetivo estudiar y solventar los problemas que conlleva la adquisición de una segunda lengua).

En este libro, repasaremos los principios básicos de las disciplinas lingüísticas que se centran en el estudio de algún aspecto interno del lenguaje teniendo en cuenta datos del español. El objetivo de estas disciplinas es teórico. Se investigan los diferentes componentes internos del lenguaje para comprender mejor cómo funciona el español. Dichas disciplinas son las siguientes: fonética, fonología, morfología, sintaxis, semántica y pragmática. Tanto la FONÉTICA como la FONOLOGÍA estudian los sonidos que los seres humanos articulamos para comunicarnos. La fonética analiza la parte material de los sonidos de la lengua. A través del estudio de los sonidos en el entorno real del habla, la fonética identifica sus características articulatorias, acústicas y auditivas. La fonología, por su parte, se encarga del análisis de los FONEMAS, es decir, aquellos sonidos cuya conmutación puede dar lugar a diferentes palabras y, por lo tanto, a cambios de significado (p. ej. si sustituimos /p/ por /b/ en "besa", obtenemos "pesa"). La fonología se centra solamente en las características de los sonidos que permiten distinguir palabras, con lo cual no se ocupa de aquellas que están determinadas por el entorno lingüístico en que se producen.

La MORFOLOGÍA estudia la estructura interna de las palabras y su tipología, y la SINTAXIS analiza las unidades superiores a la palabra (frase y oración), así como las funciones que cumplen las palabras en dichas unidades. Tanto la SEMÁNTICA como la PRAGMÁTICA se encargan del estudio del significado. La primera estudia el significado básico, convencional e independiente del contexto, mientras que la segunda se centra en el análisis del significado contextual y de las reglas de la conversación y la comunicación humana.

 Componentes lingüísticos y niveles de análisis:
   a. Fonética: analiza la parte material de los sonidos.
   b. Fonología: analiza fonemas.
   c. Morfología: analiza palabras.
   d. Sintaxis: analiza frases y oraciones.
   e. Semántica: analiza el significado básico y convencional.
   f. Pragmática: analiza el significado en contexto.

EJERCICIO 13. Indica a qué nivel lingüístico corresponden los siguientes ejemplos.
a. Normalmente trato de "usted" a las personas mayores.
b. La palabra "moto" consta de dos sílabas: "mo-to".

c. Las palabras femeninas referidas a personas en español suelen aca-bar en "-a".

d. "Bonito" y "hermoso" son dos palabras sinónimas.

e. "María" es el sujeto de la oración *María come manzanas.*

APLICA TUS CONOCIMIENTOS: PROBLEMAS LINGÜÍSTICOS

PROBLEMA 1. Algunas de las características que se asocian con el lenguaje humano se pueden también encontrar en otros sistemas de comunicación. Por ejemplo, en su *Manual de introducción a la lingüística hispánica,* Hualde, Olarrea, Escobar, Travis y Sanz (2021) señalan lo siguiente en lo que respecta al sistema de comunicación de otros primates: "En años recientes se ha demostrado que algunos simios son capaces de producir la señal de alarma que significa la presencia próxima de un depredador, para asegurarse de que otros simios se mantengan alejados de la comida" (p. 14). ¿Qué característica, asociada también con el lenguaje humano, explica este comportamiento de algunos simios?

PROBLEMA 2. Considera los siguientes fonemas del español:

a. /a/

b. /o/

c. /k/ (letras "c", "qu" y "k")

d. /s/ (letras "s", "c" y "z")

¿Cuántas palabras diferentes puedes crear con estos cuatro fonemas del español? ¿Qué característica del lenguaje humano permite esto?

PROBLEMA 3. ¿En qué consiste el código morse? Averigua en internet cómo funciona y determina si se trata de un sistema de comunicación icónico o arbitrario.

PROBLEMA 4. Como hemos visto en este capítulo, las lenguas cambian a través del tiempo y este fenómeno da lugar a la variación diacrónica. A continuación, puedes encontrar en la columna de la izquierda una serie de vocablos que hoy en día se consideran arcaicos porque se utilizaban en etapas anteriores de la lengua. Indica qué término (usado en el español actual) de la columna de la derecha se corresponde con cada uno de ellos:

Columna A	Columna B
agora	ahora
aqueste	aunque
asaz	consolar
ca	consuelo
cabero	desgraciado
catar	ejército
cativo	eructar
cuita	este
hueste	harto
maguer	mirar
regoldar	pena
solaz	porque
solazar	último
vegada	vez

PROBLEMA 5. En algunos casos, para referirse al mismo objeto, se utiliza un término diferente, dependiendo del dialecto. Completa la siguiente tabla con los términos que se ofrecen a continuación:

camión, colectivo, guagua, ómnibus | banqueta, vereda |
alberca, pileta | chauchas, ejotes, habichuelas, judías verdes |
aros, pantallas, pendientes | cañita, pajita, popote |
chancho, puerco | camarero, mozo | anteojos, espejuelos, gafas, lentes |
cuate, pana, pata, colega | choclo, elote

mexicano centroamericano	caribeño	andino	cono sur	peninsular
				autobús
	acera			acera
	piscina	piscina		piscina

mexicano centroamericano	caribeño	andino	cono sur	peninsular
			vainitas	
aretes		aretes		
	sorbete			
	cerdo			cerdo
mesero	mesero			
			lentes, anteojos	
			amigo	amigo
	maíz			maíz

PROBLEMA 6. Sociolingüística y psicolingüística son disciplinas lingüísticas que estudian la relación entre el lenguaje y aspectos no estudiados en este capítulo. Averigua cuál es su objeto de estudio.

PARA SABER MÁS

La visión sobre las funciones del lenguaje que se recoge en este capítulo está tomada de Jackobson (1960). Las características del lenguaje humano aparecen en Hockett (1958), entre otras que no se discuten en este capítulo. Los conceptos de lengua, habla y signo lingüístico están tomados de Saussure (1916), y la diferencia entre competencia y actuación de Chomsky (1965). El concepto de competencia comunicativa se desarrolla en Hymes (1972). El apartado sobre variación intralingüística sigue la presentación de Rojo (1986). Crystal (2010) introduce al lector en el mundo del lenguaje, las lenguas y la lingüística de una manera amena. La visión de las disciplinas lingüísticas que se presenta en este capítulo sigue, entre otros, a Moure (2001).

CAPÍTULO 2

Historia y situación social del español en el mundo

OBJETIVOS

- Analizar el estatus del español como lengua hablada en varios continentes, considerando el número de hablantes y sus implicaciones en diferentes ámbitos, así como su condición de lengua oficial
- Tratar la condición del español como lengua derivada del latín y destacar qué factores facilitaron la transición hacia las lenguas romances
- Identificar qué factores sociopolíticos contribuyeron a la evolución lingüística de la Península Ibérica y a la formación de las diferentes lenguas iberorromances
- Establecer los orígenes del castellano, así como los principales hechos y etapas que condicionaron el desarrollo del español en la Península, además de su imposición a las demás lenguas ibéricas
- Trazar las condiciones sociopolíticas del castellano en su proceso de imposición en el continente americano, así como la interacción que esta lengua estableció y mantiene con las lenguas nativoamericanas
- Abordar las principales características de la llegada e implantación del español en los Estados Unidos, así como los cambios sociológicos que ha experimentado
- Analizar términos relevantes relacionados con la lengua y sus hablantes, como español, castellano, hispano, hispánico y latino

2.1. EL ESPAÑOL, LENGUA INTERNACIONAL

El español se originó en una pequeña región situada en lo que es el norte de la provincia de Burgos de la actual España. Desde ahí fue extendiéndose hacia el sur hasta ocupar e imponerse en la mayor parte de la Península Ibérica y, posteriormente, su uso se extendió también por otros territorios de los continentes africano, americano y asiático. A lo largo del tiempo, el estatus social y la difusión del español han ido cambiando de forma paralela. En la actualidad, el español es una de las lenguas del mundo con más hablantes.

 El español nació en un territorio pequeño y después se expandió por el mundo.

El hecho de que un idioma sea utilizado por un gran número de hablantes no le confiere en sí mismo ninguna consideración especial o de superioridad sobre aquellas lenguas o variedades utilizadas únicamente por un número reducido de personas. No obstante, los hablantes de todas las lenguas y variedades tienen opiniones, actitudes y también prejuicios sobre las lenguas que condicionan sus prácticas y conductas lingüísticas.

 Tener más hablantes no convierte a una lengua en superior.

No es fácil determinar el número de personas que hablan una lengua. En los cómputos realizados a lo largo y ancho del mundo, a la hora de cuantificar el número de hablantes, se han empleado parámetros no siempre coincidentes. En ocasiones, existen registros de cierta fiabilidad, como los censos de población y viviendas recientes de países como España. Sin embargo, otros países no computan la variable lengua al realizar sus estudios censales. Por otro lado, en la elaboración de estos censos para recoger los usos lingüísticos de los hablantes de un territorio, surgen dificultades en las situaciones, muy habituales, de bilingüismo existentes en múltiples países del mundo hispánico y, por tanto, no siempre es fácil decidir si un hablante de un territorio bilingüe debe ser adscrito al español o a alguna de las otras lenguas que también habla. Resulta también difícil decidir la afiliación lingüística en el caso de los hablantes no-nativos de una lengua y determinar si, con un nivel a veces limitado de comprensión o uso de dicha lengua, deben ser considerados hablantes de esta.

 Los censos de población y las actitudes lingüísticas de los hablantes no son necesariamente neutrales.

El español es la LENGUA MATERNA de 460 millones de personas, el cuarto idioma en número total de hablantes y la lengua oficial o principal en veintiún países y en diversas instituciones internacionales.

Como podemos ver en las tablas 2.1 y 2.2, hoy en día, el español es uno de los idiomas del mundo con más número de hablantes. Es el segundo con más hablantes nativos (460 millones) y el cuarto si consideramos hablantes nativos y hablantes de español como lengua adicional (534 millones). Es también la lengua oficial de veintiún países (incluido Puerto Rico), situados en Europa, África y América; en la mayor parte de ellos, su estatus de lengua oficial es reconocido por las legislaciones respectivas.

TABLA 2.1. Lenguas del mundo con más hablantes nativos (en millones)

	lengua	hablantes nativos
1.	chino mandarín	918
2.	español	460
3.	inglés	379

Fuente: *Ethnologue* (consultado el 26/01/2021)

TABLA 2.2. Lenguas del mundo con más hablantes (en millones)

	lengua	número total de hablantes
1.	inglés	1132
2.	chino mandarín	1117
3.	hindi	615
4.	español	534
5.	francés	280
6.	árabe estándar	274
7.	bengalí	265
8.	ruso	258
9.	portugués	252
10.	indonesio	199

Fuente: *Ethnologue* (consultado el 26/01/2021)

Asimismo, se habla español en otros países donde, sin tener estatus de LENGUA OFICIAL, dispone de un uso habitual entre la población. Entre dichos territorios, se encuentran los Estados Unidos, además de algunos países norteafricanos (norte de Marruecos) y asiáticos (en particular, Filipinas), donde los castellanos y más tarde españoles llegaron durante su expansión territorial.

Por otro lado, como se puede observar en la tabla 2.3, en los países donde el español es lengua oficial, su nivel de uso es desigual. Así, mientras la totalidad de los habitantes de El Salvador o Cuba serían hablantes nativos de español, en Bolivia supondrían menos de la mitad y, en países como Guatemala o España, al menos una cuarta parte de la población tiene una lengua materna diferente del español. Por otra parte, además de Estados Unidos, con millones de hispanohablantes, existen otros países con amplia presencia de personas que utilizan esta lengua, como Canadá, Francia, Suiza, Alemania o Australia, donde el español no es lengua oficial, pero lo hablan miles de personas.

TABLA 2.3. Número de hablantes de español como lengua materna por países

Posición	País	Hablantes de español como lengua materna	Población 2003	% de hablantes como lengua materna
1	México	85 871 000	93 149 000	92,17 %
2	Colombia	40 910 000	41 311 000	99,03 %
3	Argentina	35 682 000	36 846 000	96,84 %
4	Estados Unidos	31 230 000	291 110 000	10,73 %
5	España	30 373 000	40 809 000	74,43 %
6	Venezuela	24 795 000	25 699 000	96,48 %
7	Perú	21 657 000	27 148 000	79,77 %
8	Chile	13 740 000	15 277 000	89,94 %
9	Ecuador	12 088 000	13 033 000	92,96 %

(cont.)

TABLA 2.3. (*cont.*)

Posición	País	Hablantes de español como lengua materna	Población 2003	% de hablantes como lengua materna
10	Cuba	11 295 000	11 295 000	100 %
11	República Dominicana	8 540 000	8 716 000	97,98 %
12	Honduras	6 611 000	6 804 000	97,16 %
13	El Salvador	6 515 000	6 515 000	100 %
14	Guatemala	6 311 000	9 753 000	64,71 %
15	Nicaragua	5 350 000	5 482 300	97,59 %
16	Costa Rica	4 044 000	4 158 500	97,25 %
17	Bolivia	3 583 000	8 586 000	41,73 %
18	Puerto Rico	3 297 000	3 349 700	85,00 %
19	Uruguay	3 235 700	3 349 700	96,60 %
20	Paraguay	369 000	5 641 000	6,54 %
21	Panamá	2 393 000	3 116 500	76,78 %

Fuente: Britannica book 2010; consultado el 19/08/2019.

 En muchos otros países hispanohablantes existen también otras lenguas maternas de uso frecuente.

Otro parámetro que podemos considerar para determinar el estatus del español es la frecuencia de uso de las lenguas en internet, un indicador que no se refiere a la utilización de ese idioma en países o continentes concretos, sino en el conjunto del mundo. Según los datos que aparecen en la tabla 2.4, el español sería el quinto idioma más usado en internet, aunque dicha cifra debe ser valorada con precaución, ya que los datos están sesgados en función del acceso a internet a lo largo del mundo, y dicho acceso, y en general las posibilidades de disponer de tecnología, no necesariamente son las mismas en todos los países y poblaciones. Por otra parte, la comunicación por internet está condicionada por factores diversos, más allá de la voluntad o preferencia de uso de una lengua.

TABLA 2.4. Las diez lenguas más usadas en internet

	Lengua	% páginas web que la utilizan
1	inglés	54,4 %
2	ruso	5,9 %
3	alemán	5,7 %
4	japonés	5,0 %
5	español	4,7 %
6	francés	4,1 %
7	coreano	2,6 %
8	chino	2,2 %
9	italiano	2,1 %
10	polaco	1,9 %
11	otras	11,4 %

Fuente: https://www.worldatlas.com/articles/languages-most-commonly-used-by-the -web.html Datos de 2018 (consultado el 26/01/2021)

 El español es el quinto idioma más usado en internet.

En todo caso, desde un punto de vista lingüístico, la importancia de los idiomas, como hemos indicado, no puede medirse de acuerdo con su número de hablantes, sino que todos ellos tienen igual valor, independientemente de ser utilizados por unos cientos de hablantes o por muchos millones. No obstante, el español funciona como lengua de comunicación internacional entre hablantes de diversas procedencias y lo utilizan personas de diferentes continentes. En este sentido, es lengua oficial de diferentes organismos internacionales, como la Organización de Naciones Unidas, la Unión Europea, la Organización de Estados Americanos o el Mercosur.

Cuando una lengua dispone de reconocimiento específico y expreso en la legislación de un país, sea a través de su Constitución o de alguna ley de rango nacional, se dice que dicha lengua es oficial en el territorio correspondiente. El español dispone de dicho estatus, como indicamos anteriormente, en veintiún países (véase la figura 2.1). En el caso de Europa, el único país es España, lugar donde se originó la lengua. En África, es oficial en Guinea Ecuatorial, antigua colonia española en el centro oeste de dicho continente. En Latinoamérica, tras la conquista y posterior dominación política, se convirtió en oficial en la mayor parte de las Repúblicas que formaban parte de la Corona de España: Puerto Rico, República Dominicana, Cuba, Guatemala, Honduras, El Salvador, Nicaragua, Costa Rica, Panamá, Colombia, Venezuela, Ecuador, Perú, Bolivia y Paraguay. Jurídicamente, no es oficial, pero sí la lengua dominante y favorecida por los gobiernos de Argentina, Chile, México y Uruguay. En los Estados Unidos, donde el español es lengua habitual de al menos cincuenta millones de personas, no es lengua oficial, si bien tampoco el inglés dispone de dicho estatus en el ámbito federal; no obstante, el inglés

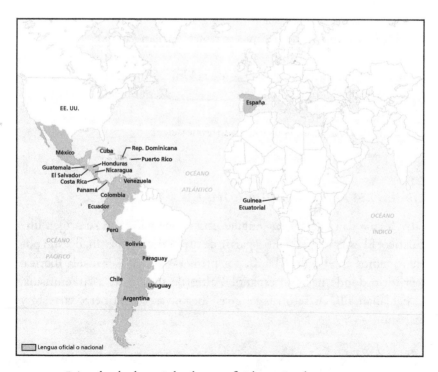

FIGURA 2.1. Países donde el español es lengua oficial o nacional

goza de una protección y promoción abierta por parte de las diferentes administraciones de las cuales carece el español.

EJERCICIO 1. Completa las siguientes afirmaciones con la palabra apropiada:
a. El español es la _____ lengua del mundo en hablantes nativos.
b. Las lenguas más habladas en el mundo no son superiores a las que tienen _____ hablantes.
c. El español tiene casi _____ millones de hablantes nativos.
d. Los cómputos de hablantes son poco _____ y homogéneos en todo el mundo.
e. La existencia de hablantes _____ dificulta el cálculo del número de hablantes.
f. Una lengua _____ tiene reconocimiento expreso como tal en las leyes de ese país.
g. El español es lengua oficial en _____ países del mundo.
h. En los países donde el español es lengua _____, no todo el mundo habla esta lengua.
i. El país del mundo donde más personas hablan español es _____.
j. El español es lengua _____ de la Unión Europea.
k. El español es lengua oficial en _____ Repúblicas latinoamericanas.
l. La quinta lengua más usada en internet es el _____.

2.2. EL ESPAÑOL, LENGUA ROMÁNICA O ROMANCE

Otra forma de clasificar las lenguas está relacionada con su origen lingüístico. El español se formó a partir de otro idioma, el latín, llevado por los romanos en el siglo III a. C. por primera vez a la Península Ibérica, territorio donde nació el español. Antes de su llegada a la Península, se hablaban allí, entre otras lenguas, ibero, vasco, celtíbero, tartesio y lusitano.

 El origen del español está en el latín. De esta lengua derivan también otras lenguas de la Península.

Las lenguas que se crearon a partir del latín se denominan ROMÁNI-
CAS, ROMANCES o NEOLATINAS. A dicho grupo pertenece el español.
En la Península Ibérica, se originaron también y todavía se hablan otras
lenguas romances, entre ellas, gallego, portugués, asturiano y catalán.

El Imperio romano fue el más poderoso de la antigüedad en occidente.
La lengua de este imperio era el latín y los romanos consideraban un
privilegio —antes que una obligación— que las poblaciones conquistadas
hablasen su idioma. Por tanto, no lo impusieron por la fuerza, si bien
diversos procesos relacionados con la dominación romana contribuyeron a que la población ibérica acabase adoptándolo. El prestigio de esta
lengua y la dominación política, cultural y militar romana sobre el sur
de Europa provocaron que, a lo largo de varios siglos, las poblaciones
asimiladas por el Imperio fuesen abandonando sus lenguas propias y
adoptasen la de Roma sin necesidad de crear leyes al respecto. Asimismo,
el latín funcionó durante siglos como la lengua administrativa y cultural
de las provincias romanas mientras su imperio se mantuvo vigente.

 Los romanos consideraban un privilegio, antes que una obligación,
hablar latín.

Así pues, el origen del español y de las demás lenguas romances se
encuentra en el latín. En el 218 a. C., se produjo la primera invasión
romana de la Península Ibérica. Antes de esa época, diferentes pueblos
habitaban la Península y hablaban diversas lenguas. Entre ellos se encuentran los iberos y vascos, que utilizaban sus respectivas lenguas prerromanas, las cuales constituyen, junto a las de la familia celta, el sustrato
sobre el que impuso el latín.

Las tropas y los colonos que llegaron a la Península llevaron el latín
consigo; llevaron también una forma propia de organización política y
cultural que se impuso en dicho territorio a lo largo de los siglos posteriores a la primera invasión. La división política que la administración
de Roma implementó a lo largo del tiempo tomó forma de diversas
provincias, como se puede observar en el mapa de la figura 2.2. De dicha
forma de organización y de la denominación de las provincias han que-
dado divisiones con repercusión en la época contemporánea, a pesar de
los muchos cambios experimentados entre entonces y hoy en día. Merece
la pena destacar que el nombre Lusitania se ha mantenido vinculado

FIGURA 2.2. Hispania romana (hacia el 300 d. C.)

con la tradición de la lengua portuguesa que todavía se habla hoy en día; asimismo, es de notar que el territorio denominado por los romanos Gallaecia, además de ser el origen de la Comunidad Autónoma de Galicia existente en la actual España, coincide en buena medida con su ubicación actual.

La herencia de la cultura y organización política y social romanas en la Península ha sido muy considerable. Como veremos, ha habido también otros pueblos que han influido de forma decisiva en la configuración inicial de la cultura hispánica, como es el caso del árabe; sin embargo, la herencia romana resultó decisiva, ya que de esta y de su lengua (el latín), como hemos indicado, surgieron el castellano y las demás lenguas neo-latinas peninsulares.

A continuación, nos centraremos en los aspectos relacionados con el patrimonio histórico y sociocultural latino que más repercusión tuvieron en la formación del español a lo largo de los diferentes siglos que duró la dominación romana de la Península Ibérica.

 El latín estaba diferenciado regional y socialmente, y se hablaba en un territorio extenso. El contacto con los idiomas prerromanos también influyó en las diferencias existentes entre las distintas variedades del latín.

Como vimos en §1.5, es característico de toda lengua su variación en el tiempo y el espacio, así como la variación según el nivel sociocultural del hablante y el contexto situacional en el que se utiliza. Así pues, también el latín se habló de formas parcialmente diversas y con características diferenciales desde que surgió como lengua y hasta el momento en que se comenzó a usar en la Península Ibérica. Asimismo, el latín utilizado por las tropas romanas no coincidía con el habla de las clases altas y acomodadas, formadas por senadores y personas de mayor estatus en la sociedad romana. Es decir, el latín estaba diferenciado no solo desde el punto de vista geográfico, sino también social. Existía, por un lado, una variedad alta o "culta", prestigiada por unas élites instruidas y por los funcionarios, además de por los escritores, y otra variedad (o conjunto de variedades) que utilizaban los colonos y soldados, que se ha llamado LATÍN VULGAR o popular, marcado por su carácter oral y por ser usado por grupos con menos prestigio e influencia social.

Aunque utilizamos el término LATÍN VULGAR o popular (usado por soldados y aventureros romanos) frente al latín que, supuestamente, hablaban las élites de Roma y los escritores, conviene destacar que no se trata de una distinción radical, sino que probablemente se trató más de una diferencia gradual entre hablas o variedades más populares y otras más propias de las élites romanas y aquellas personas que trataban de imitarlas.

Por otro lado, el latín y las lenguas prerromanas de la Península convivieron en situación de bilingüismo durante varios siglos. Los romanos no consiguieron imponer el latín completamente hasta los siglos II y III d. C., un proceso que se vio favorecido por la cristianización progresiva de la Península, por la urbanización tardía y por la construcción de comunicaciones (rutas y calzadas romanas) a lo largo del territorio ibérico. Todo ello nos ayuda a entender mejor cómo se constituyó el latín ibérico y también la forma y rasgos característicos que fueron adoptando las lenguas iberorromances.

El español y las demás lenguas románicas se formaron a partir del LATÍN VULGAR.

En un mundo donde la alfabetización era la excepción, las lenguas neolatinas como el español se crearon a partir de las variedades que forman parte del LATÍN VULGAR, es decir, un macroconjunto de formas coloquiales del latín que los soldados y aventureros romanos enrolados en la invasión de la Península tenían como propia. Conviene recordar que el Imperio romano ofrecía tierras de los territorios conquistados a los veteranos que habían cumplido con el servicio militar obligatorio establecido. Asimismo, la diferente procedencia geográfica de los invasores tuvo también repercusión en las variedades del latín llevadas a la Península.

En la desaparición del latín influyeron:
- la gran extensión geográfica del Imperio romano
- el largo período de bilingüismo con las lenguas locales
- la caída del Imperio romano
- la creación de los reinos cristianos

Con el paso del tiempo, el latín fue diferenciándose regionalmente en mayor medida, debido a la vasta extensión geográfica en la que se hablaba a causa de la expansión militar y política del Imperio romano. Igualmente, el contacto con los idiomas locales de los pueblos conquistados por los romanos influyó también en el latín. Finalmente, el debilitamiento y posterior caída del Imperio romano hizo que, en tiempos de comunicación intergrupal mucho menor que hoy en día, el latín hablado en unas regiones y en otras, en un extremo y otro del Imperio, adoptase formas tan diferentes que no eran ya mutuamente inteligibles.

Las invasiones germánicas, que en la Península Ibérica se produjeron sobre todo a partir del siglo V y que se intensificaron tras la deposición del último emperador del Imperio romano de occidente en 476, son reflejo de estas tendencias disgregadoras. Estos pueblos tenían creencias religiosas diferentes, pero, a partir del siglo VI, abrazaron el catolicismo y, con el tiempo, adoptaron el latín como lengua propia. La entrada de las lenguas germánicas contribuyó a la dialectalización del latín ibérico y al inicio de su conversión en una realidad diferente, que acabó derivando en la formación de las lenguas iberorrománicas. Probablemente, este proceso histórico se desarrolló entre la llegada de pueblos germánicos, como los visigodos en 412 y la conquista islámica en el año 711. Es interesante mencionar como, de todas las lenguas prelatinas existentes en la Península Ibérica antes de la llegada de los romanos, solo sobrevivió (y todavía se habla actualmente) el vasco o euskera (véase el mapa de la figura 2.3) en la Comunidad Autónoma Vasca y en Navarra, en la actual España y en el denominado País Vasco francés en el ámbito territorial de Francia.

La llegada de los visigodos y demás pueblos germánicos, por lo tanto, contribuyó a la fragmentación definitiva del latín en la Península Ibérica. Asimismo, las divisiones del territorio en lo que hasta entonces habían sido provincias del Imperio romano en la Península fueron creando agrupaciones geográficas diversas. Tras la llegada de los musulmanes en el 711, dichas divisiones acabaron desembocando en la formación de incipientes reinos cristianos, que desarrollarían variedades del latín que dieron lugar a la formación de lenguas diferentes.

 En 711, se produjo la llegada de los pueblos musulmanes, que indirectamente contribuyó a la consolidación de las lenguas romances.

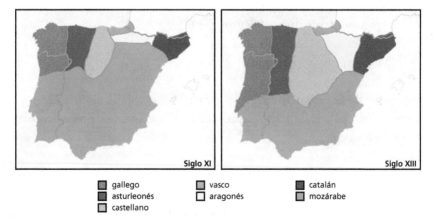

FIGURA 2.3. Distribución de las lenguas de la Península Ibérica durante la Edad Media

Entre las lenguas surgidas de este proceso, además del castellano, se encuentra el gallego antiguo (del cual proceden el gallego actual, hablado hoy en Galicia, en el occidente de las provincias de Asturias, León y Zamora, y en enclaves de Extremadura —"a fala"—, y el portugués, hablado en Portugal además de en Brasil y en países africanos como Angola, Cabo Verde, Guinea Bissau y Mozambique, entre otros); el asturleonés (del que proceden el mirandés, hablado en el nordeste de Portugal, y el asturiano actual, hablado en la parte central y occidental de Asturias); el aragonés (todavía utilizado en algunos enclaves de la actual Comunidad Autónoma de Aragón); el navarro (lengua neolatina desaparecida); el catalán antiguo (del que proceden el catalán hablado en las Comunidades Autónomas de Cataluña y Baleares y Valencia), así como el mozárabe o romance andalusí (lengua romance con hibridación árabe hoy desaparecida, que usaban los cristianos residentes en territorio musulmán). En el mapa 2.3, puede apreciarse la extensión de las lenguas en la época medieval. La figura 2.4 muestra la distribución actual de las lenguas de la Península Ibérica.

Tras la invasión musulmana, se crean diferentes romances:
    Gallego antiguo (gallego, portugués): Galicia y oeste de Asturias, León y Zamora
    Asturleonés (asturiano, mirandés): Asturias, León y nordeste de Portugal
    Castellano
    Navarro (desaparecido)
    Aragonés (en peligro de extinción)
    Catalán: Cataluña, Valencia, Islas Baleares
    Mozárabe (desaparecido)

A pesar de la fragmentación del Imperio romano, la cultura circuló desde Europa a través del Camino de Santiago (primer proyecto cultural europeo).

Tras la caída del Imperio romano, se produjo una considerable fragmentación lingüística en la Península. Sin embargo, la necesidad de comunicación se mantuvo y existió una importante circulación entre

Adaptado de: Brohy, C., V. Climent-Ferrando, A. Oszmianska-Pagett & F. Ramallo (2019). European Charter for Regional or Minority Languages – Classroom activities. Estrasburgo: Consejo de Europa, p. 26. Copyleft bajo licencia CC BY-SA 3.0; basado en "file: Lenguas Iberorromance. PNG" de Fobos92 en Wikimedia Commons, modificado por Víctor Fresno & Fernando Ramallo.

- amazige
- árabe de Ceuta
- aragonés
- aranés (también conocido como occitano)
- asturiano
- vasco
- catalán/valenciano
- gallego (incluida fala en Extremadura)
- leonés
- portugués

FIGURA 2.4. Las lenguas minorizadas de España en la actualidad

los reinos cristianos del norte. La muestra más notable de ello es la creación del Camino de Santiago, que comprende los territorios que van desde el suroeste de la actual Francia al noroeste de la Península. Este fue el primer proyecto de unidad cultural y colaboración política en una Europa en aquel momento inexistente tal como la conocemos en la actualidad. A través del Camino de Santiago, llegó a Hispania, entre otras cosas, la tradición literaria provenzal, tan influyente en la poesía lírica peninsular, que en su período inicial se escribió en gallego y dio lugar a la tradición de los cancioneros.

TABLA 2.5. Influencias y procesos históricos que han afectado al español a lo largo del tiempo

Antes del siglo VIII a . C.	Iberos y vascos se establecen en la Península. Sus lenguas prerromanas constituyen, junto a las celtas, el sustrato sobre el que se impone el latín
Siglo VI a. C.	Los celtas se establecen en la Península con su(s) lengua(s)
Siglo III a. C.	Los romanos traen el latín a la Península
Siglo VI d. C.	Los visigodos y otros pueblos germánicos llegan a la Península
Siglo VIII d. C.	Comienza la ocupación musulmana y, después, la reocupación cristiana
Siglo XIII	Incipiente estandarización del castellano drecho de Alfonso X el Sabio
Siglo XV (1492)	Final de la Reocupación de la Península, llegada de Colón a América, Publicación de la Gramática castellana de Nebrija
Siglo XVIII (1713-14)	Fundación de la Real Academia Española, Promulgación de los Decretos de Nueva Planta en España y Latinoamérica
Siglo XIX	Independencia de las Repúblicas latinoamericanas
Finales del siglo XIX	Comienza la investigación filológica sobre el español
Siglo XX	Principales migraciones desde Latinoamérica a Estados Unidos

EJERCICIO 2. Indica si las siguientes afirmaciones son verdaderas o falsas:
a. Una lengua románica es un idioma muy apropiado para el amor y los sentimientos.

b. El español tuvo su origen en el griego durante el siglo III a. C.

c. El vasco o euskera es una lengua románica.

d. El gallego y el catalán tuvieron su origen en el latín.

e. Los romanos consideraban un privilegio antes que un deber aprender el latín.

f. El latín sustituyó a todas las lenguas que se hablaban en la Península Ibérica.

g. Ninguna provincia romana se parece a una comunidad autónoma de la España actual.

h. El latín tenía diferencias regionales y sociales.

i. Las lenguas románicas se formaron a partir de variedades coloquiales del latín.

j. El latín no recibió ninguna influencia de las lenguas locales.

k. Al caer el Imperio romano, el latín se siguió hablando con normalidad.

l. Las lenguas germánicas comienzan a usarse en la Península Ibérica en el siglo IV.

m. La influencia germánica en el latín de la Península Ibérica terminó en el siglo VIII.

n. Los árabes exterminaron la lengua vasca en la Edad Media.

o. Los pueblos germánicos contribuyeron a la fragmentación del latín en la Península.

p. El asturiano procede del gallego.

q. El mirandés es una variante del asturleonés.

r. El navarro se habla hoy en día en el País Vasco.

s. El aragonés se utiliza en Cataluña en la actualidad.

t. En Barcelona se habla catalán.

u. El gallego antiguo dio origen al portugués.

v. El valenciano es una variedad del catalán.

w. En Andalucía se habla hoy mozárabe.

x. En la parte occidental de Asturias, se habla gallego.

y. El Camino de Santiago fue el primer proyecto cultural europeo durante la Edad Media.

z. Las lenguas ibéricas comenzaron a hablarse en el sur de la Península.

2.3. ORÍGENES Y DESARROLLO DEL CASTELLANO

El castellano se originó en una región situada al norte de la actual ciudad de Burgos (España), donde este idioma comenzó a desarrollarse
en un territorio inicialmente pequeño (véase la figura 2.5). Desde esta
zona, la lengua fue extendiéndose a otros lugares, a medida que el reino
de Castilla (junto al de Aragón o Portugal, entre otros) iba aumentando su
tamaño, principalmente, como resultado de las batallas contra los árabes
que habitaban la Península en aquella época y la consiguiente expansión
de su territorio. Dicho proceso puede denominarse Reocupación (o,
en todo caso, Repoblación).

   Muchos historiadores consideran que el término Reconquista, acuñado por el nacionalismo español cn el siglo XIX y muy utilizado todavía hoy para referirse a este proceso, refleja antes una ideología que

FIGURA 2.5. Origen y expansión del castellano y otras lenguas ibéricas

una realidad histórica (García Sanjuán, 2013; Catlos, 2018). Los reinos cristianos no tenían en la época un proyecto conjunto y premeditado de "recuperar" ningún territorio, no pertenecían al mismo grupo étnico que había ocupado la Península previamente (los romanos y posteriormente suevos, godos y vándalos) y sostuvieron, además, durante mucho tiempo batallas entre ellos. Desde este punto de vista, Reconquista es un concepto etnocentrista y conceptualmente inapropiado para referirse a guerras con la población del Reino de Granada, que llevaba instalada en su territorio ochocientos años cuando los reinos cristianos los expulsaron de allí. Por todo ello, utilizaremos en este texto para esta idea el término Reocupación. Su desarrollo sirvió como principal estímulo para la expansión hacia el sur de lenguas como el castellano, la lengua del Reino de Castilla, el más eficaz en la gestión militar del proceso bélico.

 El castellano nació al norte de la actual ciudad de Burgos en España.

Una lengua suele comenzar su expansión de forma oral, para más tarde crearse su versión escrita. Esta regla es especialmente aplicable a la época medieval, en la cual no existían tecnologías para transmitir información como las que conocemos hoy en día.

 La diferenciación entre latín y castellano fue progresiva.

La diferenciación entre el latín y el castellano se fue produciendo de forma gradual y progresiva, y quizás sin una excesiva conciencia por parte de los hablantes de que dicho proceso estaba teniendo lugar. Parece que la transformación se produjo primero en el nivel sintáctico y solo mucho después en el morfológico (López García, 2000). En todo caso, es probable que dicha diferenciación tuviese lugar entre la llegada de los pueblos germánicos a la Península (siglo V) y la llegada de los árabes (siglo VIII). Asunto diferente es cuándo comenzó a escribirse el castellano, cuestión tampoco exenta de polémica.

Los dos principales modos de saber cómo se originó el castellano consisten en:

a. Realizar un análisis de los documentos escritos y arqueológicos de los que se pueda deducir información sobre los usos de las lenguas.

b. Tratar de averiguar, también a través de todas las evidencias existentes, cuándo los hablantes comenzaron a considerar que hablaban una variedad diferente del latín y a denominar dicha variedad
   en un modo diferencial y relativamente identificable con la nueva
   lengua, en este caso, el castellano.

Una de las evidencias para considerar que se hablaba ya algo diferente
del latín se encuentra en textos en los cuales es necesario explicar el
significado de palabras o expresiones del latín que ya no se entendían.
Ello sucede en lo que se ha denominado GLOSAS, es decir, anotaciones
marginales encontradas en otros documentos redactados en latín donde
el autor necesitaba explicar ciertas palabras utilizadas en el texto en
términos más próximos al habla de las personas de la época. Las dos
principales colecciones de glosas son:

a. Las GLOSAS EMILIANENSES, encontradas en documentos hallados
   en el Monasterio de San Millán de la Cogolla (La Rioja).
b. Las GLOSAS SILENSES, procedentes de documentos hallados en el
   Monasterio de Santo Domingo de Silos (Burgos).

 Los primeros documentos en romance ibérico son las glosas emilianenses y silenses, y podrían datar de los ss. X-XI. Se trata de anotaciones sobre documentos en latín.

En ambos casos, no es evidente que se trate de anotaciones o fragmentos escritos íntegramente en castellano, y existe discusión sobre si
son primordialmente textos en navarro, aragonés, leonés u otras variedades iberorromances de la época, que no se encontraban claramente
diferenciadas como podemos considerar desde una perspectiva moderna.
En todo caso, se trate de fragmentos primordialmente en castellano o en
otras lenguas de la época, parece claro que estas anotaciones, datadas del
siglo XI, están escritas en una variedad distinta del latín y que quien no
había estudiado específicamente esta lengua tenía dificultad en entender
el documento, por lo que se acompañaban esos textos con comentarios
("glosas") escritos al margen. Parece apropiado, por tanto, considerar
que el castellano y otras variedades iberorromances se hablaban ya en el

siglo XI; no parece descaminado tampoco considerar que el castellano, si bien no aparece en documentos datados con anterioridad, se había venido hablando ya durante varios siglos.

Frente a esta interpretación tradicional de las glosas, existe otra visión de autores que consideran que dichos textos eran, en realidad, intentos de representar el romance vernáculo empleando un sistema ortográfico latino y siguiendo un sistema de lectura similar al que se implantó con la reforma carolingia de lectura del latín. En todo caso, esto es consistente con la idea de que los hablantes tenían unos determinados usos mientras que la escritura en latín reflejaba otra realidad lingüística diferente.

Como cualquier otra lengua, el castellano o español estándar que hoy conocemos se ha ido creando a lo largo del tiempo. Sin embargo, la creación de una lengua común (conocida en la época como CASTELLANO DRECHO) comenzó a gestarse en la corte castellana establecida en Toledo, favorecida por el establecimiento de escuelas de traductores establecidas en el siglo XIII bajo el reinado de Alfonso X, llamado "el Sabio" por su interés en la cultura. Esta variedad toledana constituyó el primer modelo estándar del castellano, que fue, de este modo, promovido como lengua literaria, jurídica y científica.

 Alfonso X el Sabio promovió la primera estandarización del español con su CASTELLANO DRECHO de raíz toledana.

Es interesante destacar que la implementación del castellano se realizó no solo como lengua para usos jurídicos, sino también como idioma de la administración, frente a la tradición previa de utilizar para este último fin el latín. Esta decisión contribuyó a llevar progresivamente el castellano a otras zonas de la Península donde ya existía otra lengua romance. De este modo, ya en el siglo XIII, el castellano comenzó a dominar al leonés y, a partir del siglo XV, a imponerse al gallego y al aragonés en los usos formales. En todo caso, conviene recordar que, dados los elevados índices de analfabetismo existentes en la época, la imposición del castellano entre la población general no se inició hasta mucho tiempo más tarde, sobre todo, a partir el siglo XIX. Aun así, la vinculación del castellano con la lengua de prestigio procede de su instalación en los usos formales de la lengua.

El castellano se impuso al leonés (s. XIII), al gallego escrito y al aragonés culto (s. XV).

Las principales influencias recibidas por el castellano de otras lenguas durante su expansión por la Península vinieron, primero, de las
lenguas germánicas y, después, del árabe, que aportó novedades léxicas
y conceptuales hasta entonces desconocidas. Por otro lado, además de
su contacto con las demás lenguas iberorrománicas, en la Edad Media,
la otra influencia principal fue la francoprovenzal que, como hemos
indicado, sobre todo, llegó a través del Camino de Santiago.

 Las principales influencias del castellano en la Edad Media, además
del árabe, procedieron de las demás lenguas iberorrománicas y del
francoprovenzal.

EJERCICIO 3. Completa las siguientes afirmaciones con la palabra
apropiada:
a. El castellano comenzó a hablarse al norte del Reino de _____.
b. La lengua se expandió hacia el sur como resultado de la _____.
c. El castellano surgió como una lengua _____ y luego comenzó a
    escribirse.
d. El _____ es la lengua hablada al este de la provincia de Burgos.
e. Las _____ son anotaciones escritas en romance al margen de
    documentos en latín.
f. En las glosas silenses y _____ hay palabras de varios idiomas
    iberorromances.
g. Las primeras palabras en romance que conocemos fueron escritas
    en los siglos _____.
h. El español elaborado en la Corte de Alfonso X el Sabio se llama
    castellano _____.
i. El castellano se consolida como lengua del gobierno en el
    siglo _____.
j. En el siglo _____ el castellano se impuso al leonés.
k. Las lenguas _____ fueron la primera influencia del castellano
    tras su segregación del latín.
l. En la Edad Media, el árabe influyó en el _____.

2.4. 1492, "EL AÑO EN QUE TODO PASÓ"

El filólogo David Mackenzie (1997) denominó el año 1492 "el año en que todo pasó", puesto que fue a lo largo de este cuando tuvieron lugar varios acontecimientos que, a la postre, se mostrarían fundamentales en la historia sociopolítica de la Península y en la consolidación del castellano y su expansión territorial.

Hechos vinculados a 1492: a) toma de Granada; b) expulsión de judíos y musulmanes y formación del judeo-español; c) llegada de Colón al continente americano; d) publicación de la Gramática de Nebrija.

En primer lugar, en este año se produjo la toma del Reino de Granada por las tropas cristianas. Ello constituyó el final de la dominación árabe de la Península Ibérica. En segundo lugar, en esta fecha se completó la expulsión del aglomerado de los reinos de Castilla y Aragón de las poblaciones de religión musulmana y judía. La expulsión de los judíos de la Península tuvo como consecuencia colateral la formación del judeoespañol (variedad que, con diferentes cambios, sobrevivió en territorios extrapeninsulares del sur de Europa, del norte de África e incluso en algunos territorios de Latinoamérica y de los Estados Unidos). En tercer lugar, en 1492, se produjo la llegada de los invasores españoles encabezados por Cristóbal Colón al continente americano. Finalmente, 1492 es también el año en que se publicó la *Gramática de la lengua castellana* de Antonio de Nebrija, primera gramática de una lengua romance que se imprimió en Europa.

Este período supuso la transición a lo que se ha denominado en la historiografía literaria y cultural europea el Renacimiento, que abarcó los siglos XV y XVI, y que desembocó posteriormente en el llamado Barroco (finales del siglo XVI y siglo XVII).

La aparición de la imprenta facilitó la difusión de la literatura en castellano. En el Renacimiento y el Barroco, se expandió la literatura en español.

En este período, se produjo también la aparición de la imprenta (hacia 1440), lo cual ayudó a difundir los textos escritos y a propagar la literatura. A partir de entonces, reproducir un texto dejó de ser una labor artesanal encomendada a los que se han llamado "copistas" para pasar a ser un trabajo más colectivo y permitir reproducir múltiples veces sin errores ni variantes un solo texto como parte del mismo proceso.

EJERCICIO 4. Indica cuáles de los siguientes acontecimientos sucedieron en 1492:

a. Se empezó a hablar español.
b. Terminó la dominación árabe en la Península Ibérica.
c. Se constituyó España como país.
d. Las tropas de Castilla y Aragón entraron en la ciudad de Granada.
e. El mozárabe se convirtió en lengua oficial de Castilla.
f. Los musulmanes y los judíos fueron expulsados de Castilla y Aragón.
g. Comenzó a hablarse el judeoespañol en España.
h. Cristóbal Colón llegó a América.
i. Se publicó la gramática castellana de Antonio de Nebrija.
j. Apareció la primera gramática del portugués.
k. La invención de la imprenta.

2.5. HISTORIA MODERNA Y CONTEMPORÁNEA

 La Corona de Castilla se expande por el mundo: Canarias, norte de África, América y Filipinas.

El período posterior al medieval es indicador de las conquistas de la Corona de Castilla fuera de la Península. Su principal área de conquista, como hemos indicado, previo paso por las Islas Canarias, fue el continente americano, en el cual la invasión se produjo, sobre todo, en la parte central y en el sur. Sin embargo, también se realizaron diversas incursiones en el norte y centro de África, prueba de lo cual fue su dominación de los territorios que actualmente componen Marruecos y Guinea Ecuatorial. En este último país, de hecho, el español sigue siendo hoy lengua oficial. Asimismo, la dominación española llegó también a Filipinas y se mantuvo hasta la descolonización completada a finales del siglo XIX. La preeminencia de los Estados Unidos en el siglo XX contribuyó a desplazar la influencia de España. Sin embargo, el español es la base de la lengua criolla de Filipinas denominada "chabacano".

En el siglo XVIII, se consolida la ideología monolingüista en España, que vincula una nación y una lengua. Esta ideología se exporta también a América con la configuración de los Estados modernos. En este contexto, surge también la Real Academia Española, que estandariza el español.

El siglo XVIII es considerado el "siglo de las luces" en Europa, en el cual se inserta el movimiento literario y cultural llamado Ilustración. Dicho movimiento, que se originó en Francia y se extendió también a España, tuvo diferentes implicaciones de tipo político y sociocultural. Entre ellas, debe destacarse la identificación axiomática de una lengua y la nación-estado que la habla; es decir, se impone una ideología monolingüista según la cual cada Estado se compone de una (y solo una) lengua. Esta ideología está en la base de la configuración de los Estados modernos que surge en Francia y se extiende por todo el mundo occidental a partir de la Revolución francesa tanto en Europa como en América. En el Reino de España, se promulgaron en esta época diferentes leyes, en particular, los denominados Decretos de Nueva Planta, que sirvieron para imponer, entre otras cosas, esta ideología monolingüista tanto en la Península como en los virreinatos latinoamericanos.

Por otro lado, en relación con este movimiento, está la promoción de las lenguas nacionales de los Estados y también los esfuerzos manifiestos por la estandarización de estas. En ese contexto, debe entenderse la creación de la Real Academia Española (RAE) en 1713-14, a imitación de su homóloga francesa. La monarquía española de la época, que está fuertemente vinculada con la francesa, creó el contexto para comprender mejor la importancia de la Academia, así como los proyectos de estandarización que esta comenzó a desarrollar, sobre todo, en la elaboración de diccionarios y gramáticas, que constituyeron la principal tarea de la institución académica, además de la estandarización ortográfica.

En el siglo XIX, a) las repúblicas latinoamericanas se independizan y comienzan a crearse las academias correspondientes de la RAE;

b) autores latinoamericanos inician debates sobre la unidad del español; c) se reconocen las diferencias lingüísticas España-Latinoamérica.

En el siglo XIX, como un intento de ampliar el ámbito de influencia de la Real Academia a Latinoamérica, se produce la creación, a partir de 1870, de las Academias correspondientes de la lengua española. En esa centuria se había ido produciendo la independencia de las diferentes repúblicas hispanoamericanas con respecto a España, y ello llevó a la institución académica a seguir imponiendo su autoridad normativa también en relación con nuevas unidades políticas que ya no dependían directamente de España, sino de sus Gobiernos respectivos. Una de las últimas academias en crearse fue la Academia Norteamericana de la Lengua Española (ANLE), que se fundó en Estados Unidos en 1973, a pesar de que el español no es lengua oficial en este país. La última en crearse fue la ecuatoguineana, establecida en 2013.

La creación de las Academias correspondientes coincidió también en el tiempo con múltiples debates y discusiones relacionados con las diferencias entre el español peninsular y el latinoamericano, y con la posición de preeminencia que España debía tener en relación con los rasgos del español normativo. También se cuestionó en qué medida debían estos rasgos reproducir los hábitos del registro formal habituales en España, frente a los generados a lo largo del tiempo en las diferentes repúblicas latinoamericanas.

 A finales del siglo XIX se desarrolla la investigación filológica.

Las últimas dos décadas del siglo XIX son también relevantes en la historia del español, cuando comenzó a desarrollarse una investigación filológica que pretendía estudiar, de forma sistemática, el origen y evolución del español, así como describir las características de esta lengua en sus diferentes niveles.

EJERCICIO 5. Indica si las siguientes afirmaciones son verdaderas o falsas:
a. En la Edad Moderna, se produce la expansión mundial del español.
b. La conquista de Castilla y Aragón fuera de la Península comenzó en América.

c. En África, el español se impuso y es hoy oficial en Guinea Ecuatorial.
d. En Filipinas, se habló español entre el siglo XVI y el XIX.
e. El chabacano es una lengua híbrida con influencia del español.
f. El vínculo entre lengua y nación española se consolidó en el siglo XVIII.
g. La Real Academia Española inspiró a la ilustración francesa.
h. La RAE publicó la primera gramática del español.
i. La RAE se dedicó en el siglo XVIII a elaborar gramáticas y diccionarios.
j. En el siglo XX, comenzó la expansión de la Academia en América.
k. La ANLE fue la última academia correspondiente del español en crearse en 1973.
l. Las academias americanas de la lengua consolidaron la diversidad del español estándar.
m. El estudio científico y académico del español comenzó en el siglo XX.

2.6. HISTORIA DEL ESPAÑOL EN AMÉRICA

La conquista e imposición del español en Latinoamérica se produjo en diferentes etapas, lo que generó un gran desfase cronológico en la colonización y expansión de la lengua en las distintas zonas americanas. El inicio de la conquista se remonta a finales del siglo XV, tras la llegada a América de los invasores capitaneados por Cristóbal Colón en 1492.

 La llegada de Colón a América en 1492 favoreció la conquista del Caribe en dos décadas y la conquista progresiva del resto de América, aunque no se llegó a algunas zonas hasta más adelante.

La conquista propiamente dicha comenzó en 1502 con expediciones sistemáticas por el continente americano (Sánchez Méndez, 2002). Mientras Centroamérica y países como Perú o México fueron dominados en el siglo XVI, la conquista de Paraguay, Uruguay y Chile no llegó hasta el siglo XVII, e incluso algunas zonas del sur de Chile y Argentina no llegaron a colonizarse hasta el período independiente. Así pues, las diferencias entre las variedades del español latinoamericano han estado condicionadas por los diferentes procesos de conquista y colonización, por la inmensidad del territorio y por el desfase cronológico entre la imposición del español en unos territorios y en otros.

La CASTELLANIZACIÓN de América fue desigual y progresiva durante la etapa colonial y también después de la creación de las repúblicas latinoamericanas independientes.

En consecuencia, el proceso de CASTELLANIZACIÓN de América fue también desigual y progresivo a lo largo del período colonial y se extendió incluso después de la formación de las diferentes repúblicas latinoamericanas. Una parte muy considerable de los colonos procedían del sur de la Península, lo que condicionó la configuración del español caribeño, con un gran parecido al habla de andaluces y extremeños. La diversidad lingüística existente en Latinoamérica es aún hoy muy considerable, lo cual no debería sorprendernos si tenemos en cuenta la inmensidad de la geografía de este subcontinente, la ausencia histórica de comunicaciones y su aislamiento respecto a la metrópolis española. Ello permitió la creación de "islas lingüísticas" como Paraguay, a pesar del importante papel integrador desempeñado por los grandes núcleos urbanos que irradiaron la cultura colonial y la lengua española propugnada desde las élites.

La diversidad latinoamericana es enorme: a) gran complejidad dialectal; b) tres tipos de zonas: i) los puertos, ii) áreas en contacto con la metrópolis y iii) zonas aisladas; c) el prestigio de Buenos Aires es singular.

Todo esto produjo una gran complejidad dialectal que, a pesar de su difícil clasificación, se acostumbra a dividir entre tres tipos de zonas: las regiones innovadoras (los puertos, sobre todo, de Sudamérica); las regiones interiores más en contacto con la metrópolis, donde la norma cortesana estándar se difundió con más éxito, y las zonas periféricas, inicialmente más aisladas, como Chile, Argentina, Paraguay y algunas partes de Centroamérica. Mención aparte merece el caso de Buenos Aires, donde se instaló una corte tardía y se generó una norma regional castellana de prestigio y con diferencias reseñables en el cono sur de América. El carácter de lengua trasplantada favoreció que se acentuasen tendencias ya existentes en España, a veces, contradictorias entre sí: el conservadurismo, el purismo y el coloquialismo.

Latinoamérica tiene gran riqueza de lenguas indígenas (p. ej., quechua, náhuatl, aimara, guaraní).

En Latinoamérica, han existido y todavía se hablan múltiples lenguas indígenas, que no pertenecen a la misma familia lingüística del castellano (tabla 2.6). La más hablada de todas ellas es el quechua, utilizado en sus diferentes modalidades por ocho millones de personas, seguida por el guaraní, usado por alrededor de seis millones y establecido como coficial en Paraguay. Las siguen el aimara y el náhuatl, idiomas cada uno de ellos de casi dos millones de hablantes. Existen otros idiomas hablados por una cantidad importante de personas, entre ellos, mapudungun (Chile), mixteco, zapoteco u otomí (México).

TABLA 2.6. Lenguas indígenas más habladas en Latinoamérica

Lengua	Hablantes
quechua	6 934 840 hablantes
guaraní	6 652 790 hablantes
aimara	1 677 100 hablantes
náhuatl	1 650 000 hablantes
k'iche'	1 050 000 hablantes
yucateco	802 520 hablantes
mixteco	527 000 hablantes
kaqchikel	415 370 hablantes
zapoteco	457 882 hablantes
otomí	299 000 hablantes
mapudungun	258 410 hablantes

Fuente: Ethnologue (https://www.ethnologue.com). Consultado el 5/6/2023

Algunas lenguas funcionaron como LENGUAS GENERALES, poseen gramáticas escritas en la época colonial y son muy habladas.

Algunas lenguas, como el quechua, el náhuatl, el aimara o el guaraní, sirvieron durante varios siglos como LENGUAS GENERALES para la comunicación de las poblaciones indígenas que hablaban lenguas más minoritarias. Tras la conquista, el castellano les arrebató a esas lenguas generales la connotación de lenguas de prestigio, aunque pasaron a funcionar como idiomas de resistencia frente a la castellanización. Los clérigos católicos las utilizaron para ser más eficaces en su misión evangelizadora y los propios españoles se aprovecharon de ellas para conquistar y dominar mejor a los pueblos autóctonos. Durante el siglo XVI, el español no era conocido por las grandes masas indígenas, y por eso los misioneros aprendieron, estudiaron y escribieron gramáticas y diccionarios de lenguas nativoamericanas, sobre todo, las "generales". Debido en parte a la extensión de estas lenguas a territorios nuevos, otras lenguas con menos hablantes fueron minorizadas o se extinguieron. En la figura 2.6, puede verse la extensión territorial de las lenguas indígenas más habladas en Latinoamérica.

 La política lingüística de España fluctuó entre una inicial dejadez y la posterior imposición del español en el siglo XVIII. Los mestizos abandonaron las lenguas indígenas en ese mismo siglo.

El Reino de España implementó una política lingüística fluctuante entre un inicial respeto por las lenguas generales y los intentos abiertos de castellanizar a los nativoamericanos en el siglo XVII y, sobre todo, en el XVIII, cuando se promulgaron leyes castellanizadoras y se aceleró la creación de escuelas en español para indígenas, aun a pesar de las reticencias de los evangelizadores, que consideraban más importante la misión religiosa que la lingüística. En el siglo XVIII, los mestizos, cada vez más influyentes, abandonaron el bilingüismo y completaron su castellanización, si bien la hibridación ha estado presente desde entonces en muchas sociedades nativoamericanas. Las variedades híbridas han sido las que han influido más directamente en diferentes variedades regionales y sociales del español de Latinoamérica.

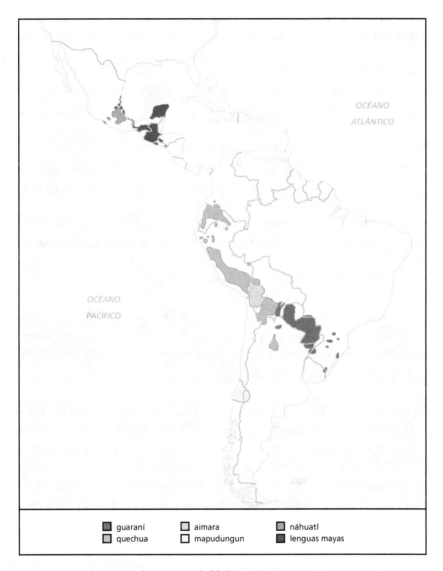

OCÉANO
ATLÁNTICO

OCÉANO
PACÍFICO

| ■ guaraní | ☐ aimara | ■ náhuatl |
| ☐ quechua | ☐ mapudungun | ■ lenguas mayas |

FIGURA 2.6. Las lenguas indígenas más habladas en Latinoamérica

Además de hibridación con las lenguas indígenas, surgieron PIDGINS y LENGUAS CRIOLLAS habladas por la comunidad de origen africano.

El comercio de esclavos de África a Latinoamérica produjo como resultado la llegada y asentamiento de población africana y la eventual formación de variedades afroamericanas. Estas variedades constituyen los PIDGINS y LENGUAS CRIOLLAS, en los que tanto el español como las lenguas africanas tuvieron destacada influencia. De todos ellos, se ha conservado el papiamento (en Curação, Bonaire y Aruba) y el palenquero (en Colombia). Tanto las variedades por contacto con lenguas africanas como las lenguas originarias de América influyeron en el español, especialmente a nivel léxico.

El contacto lingüístico ayudó también a crear variedades regionales como el español andino. Asimismo, el contacto entre el español y las lenguas indígenas ha dado también lugar a otro tipo de variedades híbridas, como el jopará en Paraguay, que contiene rasgos de español y guaraní. Otra variedad con componentes híbridos es la surgida del contacto entre español y portugués en la frontera de Brasil y Uruguay.

 Los españoles llegaron a Norteamérica antes que los británicos, pero fueron menos eficaces en la imposición de su lengua. La independencia de México, las guerras con EE. UU. y el Tratado de Guadalupe-Hidalgo trajeron otra dinámica lingüística.

En el caso de Estados Unidos, cabe señalar que los españoles llegaron allí antes que los británicos, aunque sus estrategias de colonización solo obtuvieron un éxito parcial en Florida (1513-1819), Luisiana (1764-1800) y la región que hoy configura el suroeste de los Estados Unidos, y que constituyó el virreinato de Nueva España (con capital en la Ciudad de México) hasta la independencia plena de México, forjada entre 1810 y 1821. Tras la independencia, y como resultado de la guerra con los Estados Unidos y el Tratado de Guadalupe-Hidalgo (1848) con que esta concluyó, México perdió más de la mitad de su territorio, que hoy forman los estados de Arizona, California, Nuevo México y partes de Colorado, Utah y Nevada. Así pues, el español ha estado presente en todos esos territorios estadounidenses varios siglos antes que el inglés, que se instaló como resultado de la política anglófona monolingüe de los Estados Unidos.

En el siglo XX, existieron olas migratorias a Estados Unidos desde México, Cuba, Puerto Rico y otros países. El español estadounidense es muy diverso, pero tiende a abandonarse en la segunda y tercera generación, debido a la presión del inglés, con el que existe hibridación.

En el siglo XX, se produjeron importantes olas migratorias desde diferentes territorios latinoamericanos hacia Estados Unidos. Si bien las más importantes para la configuración del español allí se originaron en México, Cuba y Puerto Rico, la comunidad hispana de este país ha recibido aportes desde todos los países latinoamericanos, e incluso desde España. Esta circunstancia ayuda a comprender por qué el español estadounidense presenta rasgos procedentes de orígenes diversos. Sin embargo, no está clara la relevancia de estas diferencias a largo plazo ni la propia vitalidad de la lengua, puesto que, en la segunda y, sobre todo, la tercera generación de origen latino, buena parte de los hijos y nietos de hispanohablantes suelen instalarse en el inglés.

EJERCICIO 6. Completa las siguientes afirmaciones con la palabra adecuada:

a. La imposición del español en _____ no fue rápida ni simultánea.

b. La procedencia de los colonos _____ influyó en el español de Latinoamérica.

c. La falta de comunicación con la colonia llevó a la creación de _____ lingüísticas.

d. Las variedades latinoamericanas se clasifican en _____, interiores y _____.

e. La lengua indígena latinoamericana con más hablantes es el _____.

f. El zapoteco es una lengua indígena hablada en _____.

g. El náhuatl funcionó como lengua _____ de comunicación en el período colonial.

h. Las lenguas generales sirvieron a los pueblos indígenas para resistir la_____.

i.   Algunos clérigos españoles escribieron gramáticas de _____.

j.   Al llegar los españoles a América, crearon escuelas para _____ a los indígenas.

k.   En el siglo _____, el Reino de España aprobó leyes para caste-llanizar a los indígenas.

l.   En el siglo _____, los mestizos abandonaron el bilingüismo y se castellanizaron.

m.   La población de origen africano de Latinoamérica creó _____ y _____ de base española.

n.   El _____ es una lengua criolla hablada en Curaçao, Bonaire y Aruba.

o.   El palenquero es una lengua criolla hablada en _____ .

p.   El _____ es una variedad híbrida hablada en Paraguay.

q.   En la frontera de _____ y _____ existen variedades híbri-das del español y el portugués.

r.   El español llegó y comenzó a hablarse en América antes que el _____.

s.   La mayoría de los hispanohablantes de EE. UU. proceden de México, _____ y _____.

t.   En la segunda y tercera generación, los descendientes de inmigran-tes hispanos en EE. UU. pierden el _____.

2.7. NOMENCLATURAS RELACIONADAS CON LA LENGUA

Para referirse a la lengua que se originó al norte de Burgos de lo que hoy llamamos España, existen dos denominaciones: "castellano" y "español". La primera está relacionada con el territorio donde se originó el idioma, el antiguo Reino de Castilla, y la segunda con el Estado-nación moderno donde primero fue idioma oficial, España.

 Las denominaciones "castellano" y "español" poseen connotaciones históricas y sociopolíticas diversas. Las preferencias por una u otra están repartidas.

La primera denominación, "castellano", es la que recoge la Cons-titución española de 1978 como nombre para la lengua, mientras que la segunda, "español", es la que ha pasado a buena parte de los demás idiomas (p. ej. "Spanish" en inglés o "espagnol" en francés).

El nombre de la lengua ha sido también objeto de múltiples discusiones, sobre todo, en la edad contemporánea. Por citar algunos ejemplos, en la Constitución española se decidió utilizar el nombre "castellano" para dejar claro que existen otros idiomas en España que también merecen ser tenidos en cuenta (gallego, catalán, euskera . . .) y que todos ellos deben también ser considerados españoles en cuanto son LENGUAS PROPIAS de sus territorios. Por otro lado, quienes en España consideran que su identidad principal no es la española, sino la gallega, catalana o vasca en ocasiones prefieren hablar de "español", precisamente para marcar que la lengua de sus comunidades no debería ser considerada española, sino independiente de esta nacionalidad. Muchos académicos españoles y latinoamericanos consideran que la lengua fue primero castellana si bien, al configurarse España como nación e incluso extenderse el idioma a los territorios latinoamericanos, el nombre moderno de la lengua debería ser "español".

En Latinoamérica, pueden encontrarse ambas denominaciones: las constituciones de una parte importante de Latinoamérica denominan a la lengua "castellano", mientras las de otras la llaman "español". Las Constituciones de Bolivia, Colombia, Ecuador, El Salvador, Paraguay, Perú y Venezuela llaman a la lengua "castellano", mientras las de Cuba, Guatemala, Honduras, Nicaragua, Costa Rica, Panamá, República Dominicana y Puerto Rico la denominan "español". En las Constituciones de Argentina, Chile, México y Uruguay no se menciona la lengua oficial del país.

Además del sustantivo utilizado para denominar la lengua, es interesante destacar que existen adjetivos diferentes para referirse a las poblaciones donde se utiliza esa lengua. En este sentido, en los Estados Unidos se usan los nombres "latino" e "hispano" para denominar a las personas procedentes de Latinoamérica. Muchos miembros de esta comunidad prefieren "latino" a "hispano", porque este último se asocia con España y el proceso de colonización. Por otro lado, "hispano" es también la denominación de los habitantes de la antigua provincia romana conocida como Hispania, hecho que ha servido incluso para "resucitar" en cierto sentido (p. ej. en usos deportivos) esa denominación (los "hispanos") para los habitantes de la actual España, es decir, los españoles. Si bien ambas denominaciones no suelen estar en conflicto, ya que se utilizan en contextos diferentes, los usos nos indican que existen acepciones y preferencias distintas en diferentes territorios.

Por otro lado, cabe destacar la distinción entre los términos "hispano" e "hispánico". Aunque en algunos casos ambas palabras pueden ser intercambiables, "hispánico" es un adjetivo usado para marcar pertenencia o relación tanto con la Hispania romana como con los países donde se habla español o castellano en la actualidad.

EJERCICIO 7. En las siguientes afirmaciones, utiliza los términos castellano, español, hispano(s) o latino(s) según corresponda.
a. La Constitución de España llama _____ a la lengua oficial de todo el país.
b. Las Constituciones de Guatemala, Nicaragua y Panamá llaman _____ a la lengua oficial de esas tres repúblicas.
c. Las personas procedentes de Latinoamérica en EE. UU. se llaman _____ o _____.
d. _____ es siempre un adjetivo, pero _____ puede ser sustantivo o adjetivo.
e. La población romana llamaba _____ a los habitantes de la Península Ibérica.

APLICA TUS CONOCIMIENTOS: PROBLEMAS LINGÜÍSTICOS

PROBLEMA 1. La evolución de las lenguas es continua; los datos que las sitúan en un rango oscilan del mismo modo. Toma como referencia los datos de la red Ethnologue, que puedes encontrar en línea, además de las otras fuentes citadas a lo largo del apartado 2.1, y comprueba si existen nuevas actualizaciones de cada una de las bases de datos. Teniendo en cuenta todos esos datos, elabora un informe indicando qué evolución se ha producido hasta el día de hoy.

PROBLEMA 2. Teniendo en cuenta el número de hablantes y la presencia del español en las diferentes instituciones a nivel global, ¿cómo evaluarías su posición entre las lenguas del mundo? ¿En qué situaciones dirías que el español es una lengua mayoritaria y en qué sentido se podría decir que es lengua minoritaria o minorizada?

PROBLEMA 3. ¿Qué proceso llevó a la ESTANDARIZACIÓN o PLANIFI-CACIÓN DEL CORPUS del español a lo largo de la historia? Busca información sobre la construcción del estándar del español y analiza en qué medida la construcción de su estándar fue diferente a la de las demás lenguas de España, explicando qué factores pueden haber condicionado los diferentes procesos.

PROBLEMA 4. ¿Qué ventajas e inconvenientes supone para un país y para los diferentes grupos sociales y nacionales que hablan una lengua el hecho de que esta sea oficial?

PROBLEMA 5. Busca en internet información sobre los intentos de "purificar" el castellano a lo largo de la historia. Considera la influencia que tuvieron el latín y el griego sobre esta lengua y compárala con la que hoy en día ejerce el inglés sobre ella en Estados Unidos. ¿En qué se parece y en qué se diferencia?

PROBLEMA 6. ¿Cuántas lenguas indígenas se hablan en Latinoamérica hoy? ¿En qué medida su situación social es similar o diferente a la de las LENGUAS PROPIAS de España? ¿A qué crees que se deben las diferencias?

PROBLEMA 7. Considera la situación actual del español en los Estados Unidos y elabora una lista de factores que pueden ayudar a su mantenimiento o provocar su desaparición.

PARA SABER MÁS

La historia social del español en España desde la prehistoria hasta el siglo XX ha sido tratada por Moreno Fernández (2005). Goetz (2007) ofrece una visión más global que incluye América, aunque no aborda la historia más reciente. Echenique Elizondo y Sánchez Méndez (2005) tratan tanto la historia social como aspectos de la historia lingüística. La historia del español más completa es la coordinada por Cano Aguilar

(2004); una lectura sucinta puede encontrarse en Cano Aguilar (2015[8]). La situación contemporánea del español en España ha sido debatida por Moreno Fernández y Ramallo (2013). Penny (2002) presenta una reveladora historia interna del español. La historia del español en América posee menos visiones de conjunto; el volumen de Sánchez Méndez (2002) resulta de suma utilidad para este campo. La historia y situación social del español en los Estados Unidos es objeto de estudio de Escobar y Potowski (2015).

Fonética y fonología

OBJETIVOS

* Identificar correspondencias entre grafemas (letras), sonidos (alófonos) y fonemas del español
* Distinguir entre fonemas (sonidos contrastivos) y alófonos (variantes de fonemas)
* Describir las vocales y las consonantes del español desde el punto de vista articulatorio
* Identificar diptongos, triptongos e hiatos
* Separar secuencias en sílabas
* Identificar la sílaba tónica de las palabras
* Describir rasgos principales de pronunciación de las variedades del español

La fonética es la disciplina lingüística que se encarga del estudio de los sonidos en cuanto a su articulación, percepción acústica y procesamiento por el oído humano. En otras palabras, la fonética se centra en el análisis de las características físicas o materiales de los sonidos. La fonología, por su parte, se dedica a estudiar las relaciones que se establecen entre los sonidos de una lengua para distinguir significados. Ambas disciplinas analizan las unidades de la segunda articulación, que solo tienen significante, y de la cual también forman parte otras unidades jerárquicamente mayores como las sílabas.

 La fonética estudia la articulación y características físicas de los sonidos. La fonología estudia las relaciones entre sonidos para distinguir significados.

La aproximación a la fonética que realizaremos hará hincapié en la forma en que se produce la articulación de los sonidos y el modo en que representamos gráficamente dicha articulación. Una vez analizados los sonidos del español desde el punto de vista articulatorio, estudiaremos los fonemas, es decir, aquellos sonidos que tienen valor contrastivo en español, dado que permiten distinguir palabras. De este modo, pasaremos del estudio de la fonética al estudio de la fonología.

3.1. FONÉTICA Y ORTOGRAFÍA

Uno de los objetivos de la fonética es representar con un sistema propio los sonidos de una lengua de manera unívoca (1 símbolo = 1 sonido). Este propósito surge de la existencia de desajustes entre la escritura y la pronunciación. Es decir, en la mayoría de las lenguas que disponen de un sistema de escritura, no hay en todos los casos una correspondencia unívoca entre sonido y grafema/letra.

 No existe correspondencia plena entre sonidos y letras, entre pronunciación y escritura.

En español existe bastante proximidad entre cómo pronunciamos los sonidos y cómo representamos en la escritura convencional dicha pronunciación. Por ejemplo, el primer sonido de la palabra "flor" se representa siempre a través de la letra *f* y la letra *f* se pronuncia siempre como el primer sonido de la palabra "flor" (f̱e, suf̱iciente, af̱ta, f̱armacia). Sin embargo, existen algunos desajustes relevantes:

a. Una misma letra se puede corresponder con dos o más sonidos: c̱asa frente a c̱ena; cara frente a raṯón.
b. Un mismo sonido se puede corresponder con dos o más letras: c̱asa, ḵilo, q̱ueso; s̱illa, c̱ena, ẕorro.
c. Una letra puede ser "muda", es decir, no tener correspondencia fonética: ẖotel, ẖonesto.
d. Existen tres grafemas dobles o dígrafos, es decir, dos letras que representan un solo sonido: *ch* (C̱hina), *rr* (perṟo) y *ll* (ḻlover).

En inglés hay todavía más desajustes, debido a razones de tipo histórico. Por ejemplo, la letra *a* puede corresponder a varios sonidos: c<u>a</u>ke, c<u>a</u>t, qu<u>a</u>ntity, m<u>a</u>ny, c<u>a</u>r, c<u>a</u>ll.

 El Alfabeto Fonético Internacional (AFI) permite representar por escrito cada sonido con un solo símbolo.

Esta discrepancia entre sonido(s) y letra(s) es habitual en los sistemas ortográficos convencionales de las lenguas y, por este motivo, se ha creado el Alfabeto Fonético Internacional (AFI, abreviado en inglés como IPA, International Phonetic Alphabet). En el AFI, cada símbolo fonético se corresponde con un único sonido. Los sonidos se representan entre corchetes [ ], mientras que se usan comillas, cursiva o < > para las letras. Por ejemplo, el símbolo fonético [x] se utiliza para representar el sonido que en español se puede escribir a través de las letras *j* (jarra), *x* (Mé<u>x</u>ico) o *g* (<u>g</u>el).

Además, se indica la división silábica de las palabras y oraciones a través del punto bajo (.) y se marca siempre la sílaba tónica con un acento o tilde (') colocado antes de la sílaba tónica: *casa* ['ka.sa]. No se representan nunca la puntuación ni las mayúsculas. Por otro lado, puede realizarse una transcripción detallada o amplia (como en este libro de texto), según optemos por dar cuenta de más o menos detalles de la pronunciación.

EJERCICIO 1. Teniendo en cuenta la lista de palabras que aparece más abajo, proporciona dos ejemplos de cada uno de los desajustes entre letra y sonido que se presentan a continuación:

a.   1 letra, 2 o más sonidos.

> Por ejemplo: la *g* en "gente" y en "golpe" se corresponde con dos sonidos diferentes.

b.   1 sonido, 2 o más letras

> Por ejemplo: la *b* en "baca" suena igual que la *v* en "vaca".

c.   1 letra, Ø sonidos.

Lista de palabras: baca, cama, caro, carro, cena, cima, cosa, cuna, ganas, gente, gimnasio, golpe, guapo, guerra, guitarra, Hernán, jirafa, kilo, llave, pingüino, queso, quitar, ratón, saco, vaca, vergüenza, yema, zapato, zorra, zueca.

3.2. DESCRIPCIÓN DEL APARATO FONADOR

El aparato fonador está formado por el conjunto de órganos que participan en la producción de los sonidos del habla. Esta función es secundaria; es decir, no existe ningún órgano que esté especializado en la pronunciación de los sonidos. Los órganos que constituyen el aparato fonador tienen funciones primarias en el aparato digestivo o respiratorio (por ejemplo, los dientes forman parte del aparato digestivo porque se utilizan para masticar la comida). Se pueden ver los órganos que constituyen el aparato fonador en la figura 3.1.

Todos los sonidos del español son sonidos espirados, es decir, articulados mientras se suelta el aire retenido en los pulmones al respirar. Los órganos que se encuentran en dichas cavidades intervienen de forma inconsciente en la articulación de sonidos; dicha articulación se incorpora

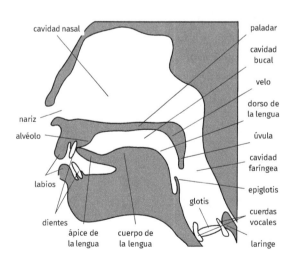

FIGURA 3.1. El aparato fonador y sus partes
Fuente: imagena digital creada por User:ish shwar, .scg por Rohieb y proveída por Wikimedia Commons. CC BY-SA 4.0 DEED.

en la infancia como parte del proceso de adquisición y aprendizaje de la lengua.

Los sonidos del español se articulan primordialmente en la cavidad bucal. En la articulación de los sonidos intervienen, sobre todo, los órganos y partes que constituyen la boca y la garganta. Como se puede apreciar en la imagen 3.1, la articulación se produce en diferentes partes de la boca:

a. Labios, que pueden adoptar dos posiciones: redondeada o no redondeada (o estirada).
b. Dientes.
c. Los alveolos (o alvéolos), la parte carnosa de la cavidad bucal, están situados justo detrás de los dientes incisivos superiores.
d. Paladar duro.
e. Velo del paladar, que está situado después del paladar duro. Esta zona de la boca, de naturaleza blanda, puede adoptar dos posiciones: alta (lo que permite que el aire salga por la boca) o baja (con lo cual el aire sale por la nariz).
f. La úvula o campanilla es el apéndice que está al final del velo del paladar.
g. La faringe es la parte del aparato fonador que se encuentra al inicio del tracto respiratorio. Se trata también de un órgano activo que se puede contraer o extender.
h. La lengua interviene en la articulación de la mayor parte de los sonidos del español. Conviene diferenciar dos partes de la lengua, puesto que la utilización de una u otra contribuye a la creación de sonidos diferentes. Nos referimos al ápice o punta de la lengua y al dorso de la lengua.
i. Las cuerdas vocales están formadas por unos tejidos situados en la laringe, a la altura de la nuez, e intervienen en la producción de sonidos según vibren o no al paso del aire. Si las cuerdas vocales vibran, producimos sonidos sonoros; si las cuerdas vocales no vibran, producimos sonidos sordos. Por ejemplo, el sonido [b] es sonoro (bata), pero el sonido [p] (pata) es sordo. Este mismo rasgo sonoro/sordo aparece en todos y cada uno de los sonidos vocálicos y consonánticos del español. Por un lado, las vocales son todas sonoras y, por otro, hay consonantes sonoras y sordas, pero no todas las consonantes sonoras tienen correspondientes sordas o viceversa.

EJERCICIO 2. Indica qué órgano del aparato fonador se encuentra antes
y después de los siguientes:

a. alveolos   c. velo del paladar
b. faringe   d. cuerdas vocales

3.3. EL SISTEMA VOCÁLICO DEL ESPAÑOL

Una vocal es un sonido en cuya articulación el aire sale de forma continua,
sin que exista ningún obstáculo para soltar el aire espirado.

Mientras el inglés estadounidense estándar dispone de trece vocales,
el sistema vocálico del español consta de únicamente cinco elementos:
[a], [e], [i], [o], [u]. La existencia de vocales neutras y, en especial, de la
schwa [ə] en inglés (p. ej., _about_, _sofa_), es uno de los principales obstáculos
que tienen los hablantes de inglés para ajustar su pronunciación a la del
español.

Articulatoriamente, las cinco vocales del español son sonoras y las
diferencias entre ellas radican tanto en el desplazamiento horizontal
como en la elevación vertical de la lengua en la boca, así como en la
posición redondeada o no redondeada de los labios, como podemos ver
en la tabla 3.1.

TABLA 3.1. El triángulo vocálico del español

	anterior/palatal	central	posterior/velar
alta/cerrada	[i]		[u]
media	[e]		[o]
baja/abierta		[a]	
	no redondeada		redondeada

En cuanto a la elevación de la lengua, las vocales pueden clasificarse
en tres grupos:

a. ALTAS (también llamadas CERRADAS): [i], [u]
b. MEDIAS: [e], [o]
c. BAJAS (o ABIERTAS): [a]

Según el desplazamiento horizontal de la lengua, distinguimos también tres grupos:

a. ANTERIORES (también llamadas PALATALES, porque la lengua se aproxima al paladar duro): [i], [e]
b. CENTRALES: [a]
c. POSTERIORES (o VELARES porque la lengua se acerca al velo del paladar): [o], [u]

Las vocales del español se caracterizan según sean a) altas, medias o bajas; b) anteriores, centrales o posteriores, y c) redondeadas o no redondeadas.

Finalmente, según la posición de los labios, existen dos vocales REDONDEADAS: [o], [u], y tres NO REDONDEADAS: [a], [e], [i].

Los sonidos vocálicos [a, e, i, o, u] se corresponden con las letras *a, e, i, o, u*, respectivamente. Además, el sonido [i] se representa con la letra *y* cuando es la conjunción copulativa (p. ej., Juan y Ramón). Por su parte, la letra *u* es muda en las combinaciones *que, qui, gue, gui* (queso, quitar, guerra, guitarra). Si la letra *u* se pronuncia entre *g* y *e* o *i*, se escribe con diéresis (¨): por ejemplo, vergüenza, pingüino.

Para describir articulatoriamente una VOCAL, utilizaremos tres criterios:

a. desplazamiento horizontal de la lengua: anterior (o palatal) / central / posterior (o velar)
b. elevación de la lengua: alta / media / baja
c. posición de los labios: redondeada / no redondeada

Por ejemplo: [a] es central, baja, no redondeada.

EJERCICIO 3. Indica la descripción articulatoria de las siguientes vocales, indicando desplazamiento y elevación de la lengua, y posición de los labios:

a. [e]   c. [o]
b. [i]   d. [u]

3.4. VOCALES, SEMIVOCALES, DIPTONGOS, TRIPTONGOS E HIATOS

Una vocal puede aparecer sola en la misma sílaba: *no* [o], pero también puede ir acompañada de otra vocal: vai-na [ai̯], rei-na [ei̯], te-nue [u̯e], a-gua [u̯a]. Estas series de dos letras vocales que forman parte de una misma sílaba se llaman diptongos. En realidad, desde el punto de vista fonético, un DIPTONGO está formado por una vocal y una semivocal. Las SEMIVOCALES se asemejan a las vocales en el hecho de que no encuentran un obstáculo en la boca para su pronunciación y se distinguen de las vocales en lo que respecta a la acción de la lengua: en las semivocales, la lengua se desliza en la boca, mientras que, en las vocales, la lengua permanece estática. Hay dos semivocales en español:

 Las vocales y semivocales se agrupan en diptongos, triptongos e hiatos, según se articulen en la misma sílaba o en sílabas distintas.

a. [i̯]: Se corresponde con la letra *i* (p. ej., reina) o *y*, si el diptongo aparece al final de la palabra (p. ej., rey).
b. [u̯]: Se corresponde con la letra *u* (p. ej., cuando).

Diferenciamos entre diptongos crecientes y diptongos decrecientes. Los primeros tienen la estructura [semivocal + vocal]. La semivocal puede ser [i̯]: ma-fia o [u̯]: cua-tro. Por el contrario, en los diptongos decrecientes, la estructura es [vocal + semivocal], con lo cual el segundo elemento es siempre [i̯]: ley [ei̯], o [u̯]: cau-sa [au̯]. En la tabla 3.2, pueden encontrarse algunos ejemplos:

TABLA 3.2. Tipos y ejemplos de diptongos

DECRECIENTES		CRECIENTES	
VOCAL [a, e, o]	SEMIVOCAL [i̯, u̯]	SEMIVOCAL [i̯, u̯]	VOCAL [a, e, o]
[ai̯] *aire, hay*		[i̯a] *hacia, novia*	
[ei̯] *reina, rey*		[i̯e] *sierra, pie*	

(cont.)

TABLA 3.2. (*cont.*)

DECRECIENTES		CRECIENTES	
VOCAL **[a, e, o]**	**SEMIVOCAL** **[i̯, u̯]**	**SEMIVOCAL** **[i̯, u̯]**	**VOCAL** **[a, e, o]**
[oi̯] *boina, voy*		[i̯o] *dio, julio*	
[au̯] *aula, causa*		[u̯a] *cuatro, actual*	
[eu̯] *deuda, Europa*		[u̯e] *buena, cuero*	
[ou̯] *estadounidense*		[u̯o] *antiguo, cuota*	

Son también posibles en español los diptongos formados por las vocales [i] y [u], que constituyen diptongos acrecientes. He aqui algunos ejemplos: cui-da-do, huir, ciu-dad, viu-da. Existen variaciones dialectales en cuanto a la pronunciación de ambos diptongos. Sin embargo, se suele considerar que en *ui* (*huir*) la vocal es [i], mientras que en el diptongo *iu* (*viuda*) la vocal suele ser [u].

Los TRIPTONGOS son series de [semivocal + vocal + semivocal] que forman parte de la misma sílaba: es-tu-diéis [i̯ei̯], Pa-ra-guay [u̯ai̯]. En la tabla 3.3 aparecen algunos ejemplos:

TABLA 3.3. Triptongos

SEMIVOCAL **[i̯, u̯]**	VOCAL **[a, e, o]**	SEMIVOCAL **[i̯, u̯]**
	confiáis	
	buey	
	opioide	

Los HIATOS, por el contrario, están compuestos por dos vocales contiguas que forman parte de dos sílabas diferentes: *tí-a* [i.a]. Cuando una de las vocales es "i" o "u", normalmente lleva un acento escrito para indicar que se trata de un hiato y no de un diptongo (ma-íz, ba-úl, trí-o, bú-ho). Forman también hiato cualquier combinación de las vocales "a", "e" y "o": po-e-ta, a-é-re-o, zo-o, se-a.

EJERCICIO 4. Transcribe fonéticamente los diptongos, triptongos e hiatos existentes en las siguientes palabras, como en el ejemplo. En el caso de los diptongos, indica si son crecientes o decrecientes.

Ejemplo: mi<u>e</u>do: [i̯e] diptongo creciente

a. Paraguay	g. miau	m. croa	r. güey
b. millonario	h. raíz	n. guau	s. jaula
c. hacía	i. frío	ñ. airoso	t. aéreo
d. monstruo	j. aloe	o. buey	u. peine
e. huevo	k. reír	p. reino	v. fuego
f. hacia	l. actuáis	q. maíz	w. cree

3.5. EL SISTEMA CONSONÁNTICO DEL ESPAÑOL

La característica articulatoria que diferencia una consonante de una vocal es que las consonantes se pronuncian provocando algún tipo de obstrucción en algún lugar del aparato fonador. Los diferentes órganos de la boca son también importantes para entender la clasificación articulatoria de las consonantes, sobre todo, en cuanto a lo que llamamos PUNTO DE ARTICULACIÓN, ya que dichos puntos coinciden con lugares diferentes de la boca. En este sentido, hablaremos de consonantes:

Según el punto de articulación, las consonantes se dividen en bilabiales, labiodentales, dentales, alveolares, palatales o velares.

a. LABIALES. Se articulan en la zona de los labios. Si en su articulación intervienen ambos labios, hablaremos de consonantes BILABIALES: [p] (para), [b] (bueno, vino), [ß] (cantaba, lava), [m] (mono). Si además de los labios existe contacto con los dientes, denominaremos a esas consonantes LABIODENTALES: [f] (fin).

b. DENTALES. Este grupo de consonantes se articula poniendo en contacto la lengua con la zona de los dientes: [t] (todo), [d] (dar), [ð] (cada).

c. ALVEOLARES. Estas consonantes se articulan con la lengua en contacto con la parte de la boca que está detrás de los dientes

superiores y que llamamos alveolos. Las consonantes alveolares son
[l] (*lado*), [n] (*cana*), [ɾ] (*caro, carta, letra*), [r] (*carro, rico, honra*), [s] (*sin,
cena, zapato*) y [z] (*desde, mazmorra*).

d. PALATALES. Este tipo de consonantes se pronuncian situando la
lengua en el paladar: [tʃ] (*chica*), [dʒ] (*yate, lluvia*), [j] (*mayo, calle*), [ɲ]
(*caña*).

e. VELARES. Estas consonantes se articulan situando la lengua en
contacto con el velo (parte de atrás) del paladar: [k] (*casa, queso,
kiosko*), [x] (*juego, gente, México*), [g] (*gana, guerra*), [ɣ] (*hago, águila*).

EJERCICIO 5. Indica el punto de articulación de las consonantes transcritas en las siguientes palabras:

a. [t] en todo   e. [tʃ] en checa   i. [b] en barco
b. [r] en raro   f. [d] en dos   j. [t] en todo
c. [j] en mayo   g. [x] en jugar   k. [l] en lado
d. [ɾ] en cara   h. [dʒ] en yo   l. [s] en cena

Las consonantes también se pueden clasificar según su MODO DE
ARTICULACIÓN, es decir, según el tipo de cierre o estrechamiento que
tiene lugar en el aparato fonador cuando se pronuncia la consonante.
Según este criterio, las consonantes pueden articularse como:

Según el modo de articulación las consonantes se dividen en oclusivas,
fricativas, africadas, nasales, laterales, vibrantes.

a. OCLUSIVAS. Con una oclusión o cerrazón total en la boca previa
a la salida del aire. Las consonantes oclusivas son las siguientes:
[p] (*para*), [t] (*todo*), [k] (*casa*), [b] (*bueno, vino*), [d] (*dar*), [g] (*gana,
guerra*).

b. FRICATIVAS. Se expulsa el aire a través de un canal estrecho a gran
velocidad, lo que produce fricción o ruido. Entre ellas se encuentran, [β] (*cantaba, lava*), [f] (*fin*), [ð] (*cada*), [s] (*sin, cena, zapato*), [z]
(*desde, mazmorra*), [j] (*mayo, calle*), [x] (*juego, gente, México*) y [ɣ]
(*hago*).

c. AFRICADAS. Estas consonantes se pronuncian con una combinación simultánea de oclusión y fricción: [tʃ] (*chica*), [dʒ] (*lluvia, yate*).

d. NASALES. En la articulación de estas consonantes, el aire sale por la nariz: [m] (mono), [n] (cana), [ɲ] (caña).

e. LATERALES. El primero de los dos tipos de consonantes LÍQUIDAS, las consonantes laterales, se articula de modo que la lengua se coloca en la parte superior de la boca mientras el aire sale por los lados: [l] (lado).

f. VIBRANTES. Constituyen el segundo tipo de consonantes LÍQUIDAS. Su articulación se produce mientras la punta de la lengua vibra al entrar en contacto con los alveolos, sea una sola vez, [ɾ] (caro, carta, letra), o varias veces, [r] (carro, rico, honra).

EJERCICIO 6. Indica el modo de articulación de las consonantes transcritas en las palabras siguientes:

a. [m] en mecha
b. [r] en gorro
c. [k] en beca
d. [ð] en lodo

e. [ɲ] en sueño
f. [x] en rojo
g. [p] en poro
h. [z] en desde

i. [dʒ] en llave
j. [tʃ] en chico
k. k) [ɣ] en agua

Para describir articulatoriamente una CONSONANTE, utilizaremos tres criterios:

a. Punto de articulación: bilabial / labiodental / dental / alveolar / palatal / velar.

b. Modo de articulación: oclusiva / fricativa / africada / nasal / lateral / vibrante.

 Según la vibración de las cuerdas vocales, las consonantes pueden ser sonoras o sordas.

c. Vibración de las cuerdas vocales: sorda / sonora. Cuando se produce vibración, tenemos consonantes sonoras; en caso contrario, las consonantes son sordas, tal como se detalla en la tabla 3.4.

Ejemplo: [p] bilabial oclusiva sorda

TABLA 3.4. Consonantes del español estándar latinoamericano

		BILABIAL	LABIODENTAL	DENTAL	ALVEOLAR	PALATAL	VELAR
OCLUSIVA	SORDA	[p]		[t]			[k]
	SONORA	[b]		[d]			[g]
FRICATIVA	SORDA		[f]		[s]		[x]
	SONORA	[ß]		[ð]	[z]	[ʝ]	[ɣ]
AFRICADA	SORDA					[tʃ]	
	SONORA					[dʒ]	
NASAL	SONORA	[m]			[n]	[ɲ]	
LATERAL	SONORA				[l]		
VIBRANTE	SONORA: SIMPLE				[r]		
	SONORA: MÚLTIPLE				[r]		

EJERCICIO 7. Escribe el símbolo fonético correspondiente a cada descripción articulatoria, así como una palabra que lo tenga en posición inicial, como en el ejemplo:

velar fricativa sorda   [x]   jugar

a. bilabial oclusiva sonora
b. central baja no redondeada
c. bilabial nasal sonora
d. labiodental fricativa sorda
e. alveolar lateral sonora
f. posterior alta redondeada
g. palatal africada sorda
h. alveolar vibrante múltiple sonora
i. dental oclusiva sonora

j. palatal nasal sonora
k. alveolar fricativa sorda
l. anterior media no redondeada

EJERCICIO 8. Indica qué característica o características articulatorias comparten los siguientes sonidos:

Ejemplo: [m], [p]: punto de articulación bilabial

a. [ɣ], [k], [x]   g. [tʃ], [x], [s]
b. [j], [dʒ]   h. [ɲ], [j]
c. [l], [dʒ], [r], [z]   i. [p], [b], [d], [t], [k], [g]
d. [[ß], [ð], [ɣ]   j. [f], [x], [z]
e. [o], [u]   k. [a], [e], [i]
f. [p], [b], [m]   l. [m], [n], [ɲ]

En la tabla 3.5 incluimos las correspondencias entre letras y sonidos en el español estándar latinoamericano. Como se puede ver, hay casos en los que la correspondencia entre letra y sonido es unívoca (una letra, un sonido). Por ejemplo, el sonido [p] se corresponde con la letra *p*. Sin embargo, también encontramos desajustes: una letra, dos o más sonidos (la letra *z* se corresponde con los sonidos [s] o [z]) y un sonido, dos o más letras (el sonido [b] se corresponde con las letras *b* y *v*).

TABLA 3.5. Correspondencias entre sonidos y letras (español estándar latinoamericano)

SONIDO	LETRAS/GRAFEMAS	EJEMPLOS
[p]	"p"	*para*
[b]	"b, v"	*bueno, vino*
[ß]	"b, v"	*cantaba, lava*
[m]	"m"	*mono*
[f]	"f"	*fin*
[t]	"t"	*todo*
[d]	"d"	*dar*

(*cont.*)

TABLA 3.5. (*cont.*)

SONIDO	LETRAS/GRAFEMAS	EJEMPLOS
[ð]	"d"	*cada*
[s]	"s, c (ce, ci), z"	*sin, cena, zapato*
[z]	"s, z"	*desde, mazmorra*
[n]	"n"	*cana*
[l]	"l"	*lado*
[ɾ]	"r"	*caro, carta, letra*
[r]	"r (principio de palabra y después de "n", "l" y "s"), rr"	*carro, rico, honra, israelita*
[tʃ]	"ch"	*chica*
[dʒ]	"ll, y"	*lluvia, yate*
[j]	"ll, y"	*calle, mayo*
[ɲ]	"ñ"	*caña*
[k]	"c (ca, co, cu), qu, k"	*casa, queso, kiosko*
[g]	"g (ga, go, gu), gu (gue, gui)"	*gana, guerra*
[ɣ]	"g (ga, go, gu), gu (gue, gui)"	*hago, águila*
[x]	"j, g (ge, gi), x (topónimos)"	*juego, gente, México*

EJERCICIO 9. Escribe las oraciones que se corresponden con las siguientes transcripciones fonéticas:

a. [el.do.ˈmin.go.la.ˈse.na.ˈez.ˈmas.tem.ˈpɾa.no]
b. [ˈes.te.ˈri.o.no.ˈje.ßa.ˈa.ɣu̯a.ˈkla.ɾa]
c. [ˈdʒa.el.ˈxu̯e.ßez.jo.ˈßi̯o.ˈto.ða.la.ˈtaɾ.ðe]
d. [ma.ˈɲa.na.re.paɾ.ti.ˈre.moz.los.tʃo.ko.ˈla.tes]

3.6. SONIDOS DIALECTALES

En esta sección, nos centraremos en algunos sonidos del español que no pertenecen a la variedad estándar latinoamericana, sino que se utilizan en diferentes variedades dialectales específicas a lo largo del mundo hispánico. Presentaremos esta información siguiendo los pasos que aparecen a continuación:

a. Sonido, representado entre corchetes
b. Descripción articulatoria (punto de articulación, modo de articulación y vibración)
c. Grafemas/letras con los que se corresponde
d. Zonas dialectales en las que se utiliza
e. Equivalencia en español estándar latinoamericano

 Existen sonidos dialectales a lo largo de los territorios hispánicos que no se encuentran en otros lugares o regiones.

[Θ]: interdental fricativo sordo. El punto de articulación interdental se realiza colocando la lengua en la parte baja de los dientes superiores y dejando que el aire salga entre ellos. Se corresponde con los grafemas *c* (*e*, *i*) y *z* (p. ej., cena, zapato). Este sonido se utiliza en el norte y centro de España, y es también parte de la variedad estándar peninsular. En la variedad estándar latinoamericana, se corresponde con los sonidos [s] o [z], según el contexto (vid. infra.). El sonido [Θ] es equivalente al primer sonido de las palabras "thin" o "thought" en inglés.

[ś]: apicoalveolar fricativo sordo. Para pronunciar este sonido, la punta de la lengua toca los alveolos. En la escritura se corresponde con el grafema *s* (p. ej., sin). Al igual que el sonido anterior, aparece en el norte y centro de España. En la variedad estándar latinoamericana, este sonido es dorsoalveolar y se representa como [s].

[ʒ]: palatal fricativo sonoro. Es el sonido que se representa a través del dígrafo *ll* y el grafema *y* (lluvia, calle, yate, mayo) en el español de Argentina y Uruguay. En el español estándar latinoamericano, dichas letras se pronuncian a través de los sonidos [dʒ] o [j] (dependiendo del contexto). El sonido [ʒ] se corresponde con el primer sonido de la palabra "genre" del inglés.

[ʃ]: palatal fricativo sordo. Se corresponde con el dígrafo *ch* (p. ej., chica) en Chihuahua y Sonora (México), Chile y Andalucía (España). Su equivalente en español estándar latinoamericano es [tʃ]. El sonido [ʃ] se pronuncia como el dígrafo *sh* en inglés (show, she).

Además, [ʃ] se utiliza como una variante de [ʒ] en el español de Argentina y de Chile. Al igual que este, se representa a través del dígrafo *ll* y el grafema *y* (lluvia, calle, yate, mayo), que, según el contexto, se pronuncian [dʒ] o [j] en español estándar.

[ʎ]: palatal lateral sonoro. Se corresponde con el dígrafo *ll* (p. ej., lluvia y calle). Se utiliza en variedades de Perú, Bolivia, Paraguay y Ecuador. También aparece el norte y centro de España, aunque allí su uso está en franco retroceso. Es equivalente a [dʒ] o [j] (dependiendo del contexto) en español estándar latinoamericano.

[ʀ]: uvular vibrante sonoro. El punto de articulación uvular se pronuncia con la parte posterior de la lengua en vibración con la úvula. Se corresponde con los grafemas *rr* (p. ej., carro) y *r* (p. ej., rico, honra). Se utiliza en Puerto Rico, especialmente en las zonas rurales, y está estigmatizado socialmente. En español estándar latinoamericano, [r] es el sonido equivalente.

[h]: glotal fricativo sordo. Los sonidos cuyo punto de articulación es glotal se pronuncian aproximando las cuerdas vocales y creando fricción. Se corresponde con los grafemas *j*, *g* (*e*, *i*) y *x* (traje, gemelo, México). Este sonido se utiliza en el español caribeño (Puerto Rico, República Dominicana y Cuba) y en Andalucía (España). El sonido equivalente es [x] en el español estándar latinoamericano.

Asimismo, [h] se utiliza como una variante de [s] en el Caribe (Puerto Rico, República Dominicana y Cuba), Chile, Argentina, Uruguay y Andalucía (España). Se corresponde con las letras *s* y *z*, y generalmente aparece al final de sílaba (asma, mezcla) o de palabra (mes, vez).

TABLA 3.6. Sonidos dialectales

sonido	descripción articulatoria	letras	español estándar	zona dialectal
[θ]	interdental fricativo sordo	"c, z" *cena, zapato*	[s]	Norte y centro de España
[ś]	apicoalveolar fricativo sordo	"s" *sin*	[s]	Norte y centro de España

(cont.)

TABLA 3.6. (*cont.*)

sonido	descripción articulatoria	letras	español estándar	zona dialectal
[ʒ]	palatal fricativo sonoro	"ll, y" *lluvia, calle* *yate, mayo*	[dʒ] o [j]	Argentina y Uruguay
[ʃ]	palatal fricativo sordo	"ll, y" *lluvia, calle* *yate, mayo*	[dʒ] o [j]	Argentina y Uruguay
[ʃ]	palatal fricativo sordo	"ch" *chica*	[tʃ]	Chihuahua y Sonora (México), Chile y Andalucía (España).
[ʎ]	palatal lateral sonoro	"ll" *lluvia, calle*	[dʒ] o [j]	Perú, Bolivia, Paraguay, Norte y centro de España
[ʀ]	uvular vibrante sonoro	"r, rr" *carro, rico,* *honra,* *israelita*	[r]	Zonas rurales de Puerto Rico
[h]	glotal fricativo |sordo	"j, g (e, i), x (topónimos)" *juego, gente,* *México*	[x]	Andalucía, Caribe
[h]	glotal fricativo sordo	"s, z" a final de palabra o sílaba *mas, vez,* *este, mezcla*	[s]	Andalucía, Caribe, Argentina, Uruguay, Chile

TABLA 3.7. Consonantes dialectales del español

		BILABIAL	LABIODENTAL	INTERDENTAL	DENTAL	ALVEOLAR	PALATAL	VELAR	UVULAR	GLOTAL
OCLUSIVA	SORDA									
	SONORA									
FRICATIVA	SORDA			[θ]		[ś]	[ʃ]			[h]
	SONORA						[ʒ]			
AFRICADA	SORDA									
	SONORA									
NASAL	SONORA									
LATERAL	SONORA						[ʎ]			
VIBRANTE	SONORA: SIMPLE									
	SONORA: MÚLTIPLE								[R]	

En la tabla 3.6, se resume la información sobre sonidos dialectales que acabamos de describir en esta sección. Asimismo, la tabla 3.7 presenta la distribución de dichas consonantes según su punto de articulación, modo de articulación y sonoridad.

EJERCICIO 10. En cada una de las siguientes secuencias, hay un fenómeno dialectal. Identifícalo e indica en qué zonas del mundo hispánico aparece dicho fenómeno:

a. Las llaves de la casa de Jorge [laz.ˈʎa.ßez.ðe.la.ˈka.sa.ðe.ˈxoɾ.xe]
b. En mayo llegaron las gaviotas [en.ˈma.ʃo.ʃe.ˈɣa.ɾon.laz.ɣa.ˈßi̯o.tas]
c. Los cinco hermanos de Pepe [los.ˈθin.ko.eɾ.ˈma.noz.ðe.ˈpe.pe]
d. Llevábamos trajes sencillos [dʒe.ˈßa.ßa.moh.ˈtɾa.xeh.sen.ˈsi.joh]

e. Los muchachos comían con la jefa [loz.mu.ˈʃa.ʃos.ko.ˈmi.an.kon. la.ˈxe.fa]

f. Me robaron mi gorro rojo [me.ʀo.ˈßa.ron.mi.ˈɣo.ʀo.ˈʀo.xo]

3.7. LA SÍLABA

Los sonidos se agrupan en sílabas. Por ejemplo, [d] y [a] forman la sílaba [da], que a su vez puede ser una única palabra (él da) o puede ser una sílaba de una palabra (can-da-do). La estructura silábica del español puede apreciarse en la tabla 3.8 (téngase en cuenta que los elementos que aparecen entre corchetes son elementos opcionales; es decir, pueden no aparecer):

TABLA 3.8. Partes de la sílaba

[CABEZA]		NÚCLEO			[CODA]	
[consonante]	[r/l]	[semivocal]	vocal	[semivocal]	[consonante]	[s]

Los sonidos se agrupan en sílabas. Para que exista una sílaba, debe haber al menos una vocal (que es el núcleo), pero la sílaba puede estar también formada por consonantes o semivocales.

La sílaba es una unidad formada por, al menos, una vocal, que es su núcleo (por ejemplo, *a* en la palabra a-brir-le). En caso de diptongo o triptongo (vid. §3.4), hablamos de un núcleo complejo. En el caso del diptongo, la estructura del núcleo es semivocal + vocal (p. ej., *io* en Dios) o vocal + semivocal (*oy* en doy), como se muestra en la tabla 3.9. En los triptongos, la estructura es semivocal + vocal + semivocal (*üey* en güey).

TABLA 3.9. El núcleo de la sílaba

[CABEZA]	NÚCLEO			[CODA]
	[semivocal]	vocal	[semivocal]	
		a		
D	i	o		s
D		o	y	

Antes del núcleo, puede haber una consonante (por ejemplo, *l* en *le*) o dos (por ejemplo, *br* en *brir*). Si hay dos consonantes, la segunda es siempre una líquida (*l* o *r*). Las consonantes que aparecen antes del núcleo de la sílaba están en posición de CABEZA (o ATAQUE) de sílaba, como muestra la tabla 3.10:

TABLA 3.10. La cabeza de la sílaba

[CABEZA]		NÚCLEO			[CODA]
[consonante]	[r/l]	[semivocal]	vocal	[semivocal]	
l			e		
b	r		i		r

Las líquidas pueden aparecer en combinación con la mayoría de las consonantes formando un grupo consonántico que encabeza la sílaba (véase tabla 3.11). Las únicas consonantes que no pueden aparecer al inicio de una sílaba seguidas de una líquida son *l*, *n*, *r* o *s* (por ejemplo, en la palabra "alrededor", la separación en sílabas es al-re-de-dor y no *a-lre-de-dor):

TABLA 3.11. Grupos consonánticos en posición de cabeza de sílaba

Consonante	Líquida	Sílaba	Palabra
p	l	*pli*	*a-pli-car*
p	r	*pre*	*pre-mio*
t	l	*tle*	*a-tle-ta*
t	r	*tra*	*tra-to*
c	l	*cla*	*cla-vo*
c	r	*cre*	*cre-o*
b	l	*ble*	*ca-ble*
b	r	*bro*	*bro-ma*
d	r	*dra*	*dra-gón*

(*cont.*)

TABLA 3.11. (*cont.*)

Consonante	Líquida	Sílaba	Palabra
g	l	*glu*	*glu-co-sa*
g	r	*gra*	*gra-to*
f	l	*flu*	*in-flu-jo*
f	r	*fra*	*fra-ne-la*

Finalmente, después del núcleo o vocal, también puede haber una consonante (por ejemplo, *r* en *brir* de la palabra a-brir-le) o dos consonantes (por ejemplo, *ns* en la sílaba *ins* de la palabra ins-pi-ra-ción). Si hay dos consonantes después de la vocal, la segunda consonante siempre es *s*. La tabla 3.12 muestra algunos ejemplos:

TABLA 3.12. La coda de la sílaba

[CABEZA]		NÚCLEO			[CODA]	
[consonante]	[r/l]	[semivocal]	vocal	[semivocal]	[consonante]	[s]
b	r		i		r	
			i		n	s

En la secuencia <u>ca-mi-nan-te no hay ca-mi-no</u>, pronunciada de forma pausada, podemos encontrar nueve sílabas. La mayor parte de ellas consta de una consonante y una vocal (CV): ca-, -mi-, -te, no, ca-, -mi-, no; <u>nan</u> está formada por consonante, vocal y consonante (CVC) y <u>hay</u> está formada por vocal más semivocal. La estructura preferida de la sílaba en español y en las lenguas en general es CV. En algunos casos, esta estructura se obtiene a través del RESILABEO. En español no hacemos pausas entre palabras, con lo cual siempre que hay una consonante entre dos vocales, esa consonante forma sílaba con la vocal siguiente, incluso en casos en los que la vocal siguiente pertenece a una palabra distinta. Por ejemplo: en "el oso", la pronunciación común presenta las siguientes sílabas: <u>e-lo-so</u> en lugar de <u>el-o-so</u>.

EJERCICIO 11. Separa las siguientes secuencias en sílabas en una pronunciación relajada:

a. finoúgrio
b. los aretes azules
c. transporte

d. honrado
e. en el otro renglón
f. los odiosos obstáculos

Salvo algunas excepciones, la mayoría de las palabras monosilábicas (de una sola sílaba) son tónicas (p. ej. mal, sol, hiel). Cuando una palabra consta de dos o más sílabas, una de ellas es la tónica: ca-mi-<u>nan</u>-te (3.ª sílaba), ca-<u>mi</u>-no (2.ª sílaba). La sílaba tónica es aquella que se produce con mayor fuerza cuando se pronuncia la palabra, es decir, en la cual recae el acento de la palabra. Las demás sílabas se denominan átonas. Asimismo, existen pares de palabras que se diferencian solamente porque, en una de ellas, la primera sílaba es tónica y en la otra es átona: <u>*be*</u>*be* frente a *be*<u>*bé*</u>; <u>*to*</u>*mo* frente a *to*<u>*mó*</u>.

 Según la posición del acento en la palabra, en español, diferenciamos entre palabras agudas, graves, esdrújulas y sobreesdrújulas.

Según la posición del acento en la palabra, en español diferenciamos palabras agudas, graves, esdrújulas y sobreesdrújulas. Las AGUDAS son aquellas en las que el acento recae sobre la última sílaba: ca-<u>mión</u>. En las GRAVES (o LLANAS), el acento va sobre la penúltima sílaba: <u>ca</u>-sa. En las palabras ESDRÚJULAS, el acento va en la antepenúltima sílaba: <u>có</u>-mo-do. En las palabras SOBREESDRÚJULAS (que son muy pocas), el acento recae en una sílaba anterior a la antepenúltima: có-me-te-lo.

EJERCICIO 12. En las siguientes palabras, indica si son agudas, graves, esdrújulas o sobreesdrújulas, como en el ejemplo: mirada→grave

a. literal→
b. cómodo→
c. bébetelo→
d. azul→

e. hacia→
f. todo→
g. camión→
h. mimo→

i. huevo→
j. píntaselo→
k. buitre→
l. clavel→

Las reglas de acentuación ortográfica dependen de reglas establecidas convencionalmente en la lengua, mientras la acentuación fónica depende de cómo pronunciamos las palabras. Las palabras agudas reciben acento ortográfico cuando terminan en -n, -s o vocal (camión, interés, café). Las palabras graves reciben acento ortográfico cuando terminan en consonante distinta de -n o -s (césped, álbum, azúcar, pómez). Finalmente, las palabras esdrújulas y sobresdrújulas siempre llevan acento ortográfico (fotógrafo, simpático, exámenes, tráigamelo).

EJERCICIO 13. Escribe los acentos ortográficos necesarios en las siguientes oraciones:
a. Llevale un caramelo a la niña. Se pondra muy contenta.
b. Jorge Perez llego ayer de un largo viaje en avion.
c. Tambien le echo azucar al cafe cuando tengo examenes.
d. David compro una camara fotografica para su cuñado.

3.8. FONOLOGÍA

 La fonología se dedica a estudiar los sonidos y su relación con la creación de significado.

La fonología se dedica a estudiar las unidades fónicas que contribuyen a la creación de significado. Forman parte de las unidades de la segunda articulación, que solo tienen significante, igual que las sílabas. Por ejemplo, la palabra "caro" tiene dos sílabas: ca-ro. Cada una de esas sílabas podemos segmentarlas en dos fonemas, representados por las letras c-a y r-o. En la palabra "caro", si cambiamos [k] por [p], obtenemos "paro". Y, si cambiamos [a] por [o], obtenemos "coro".

 Cuando en una palabra cambiamos un fonema por otro, cambia el significado de la palabra.

Un FONEMA es un sonido contrastivo. Es decir, tenemos un fonema cuando al reemplazar un sonido por otro en una palabra podemos obtener una palabra con significado diferente. Dos palabras que se diferencian solamente por un único fonema forman un PAR MÍNIMO. Por ejemplo, fuego / juego; pan / par; masa / mesa.

El fonema es el objeto de estudio de la fonología. A veces, un fonema se manifiesta solamente a través de un sonido.

> Ejemplo: el fonema /f/ del español se manifiesta a través del sonido [f].

Un fonema puede manifestarse a través de uno o varios sonidos distintos, llamados alófonos.

Otras veces, un mismo fonema puede manifestarse a través de dos o más sonidos. Por ejemplo, el fonema /s/ del español se manifiesta a través de los sonidos [s] y [z].

El sonido [s] aparece por ejemplo en "sin", "zapato", "cena". El sonido [z] aparece en "desde", "mazmorra", "isla". Sin embargo, no existe ningún PAR MÍNIMO de palabras cuyo significado varíe si reemplazamos [s] por [z]. Es decir, a efectos de significado, no importa si pronunciamos la consonante alveolar fricativa como sorda [s] o como sonora [z]. Por eso decimos que los sonidos [s] y [z] son manifestaciones de un mismo FONEMA /s/.

Los sonidos que se corresponden con un único fonema reciben el nombre de "alófonos". Un ALÓFONO es una realización concreta de un fonema determinado.

- [f] es el único alófono del fonema /f/ del español.
- [s] y [z] son alófonos del fonema /s/ del español.

La existencia de más de un alófono para el mismo fonema no es una característica exclusiva del español. En inglés podemos encontrar dos alófonos para el fonema /p/. Mientras en *pat* aparece el alófono [pʰ], en la palabra *spat* encontramos el alófono [p]. Los hablantes nativos son muy conscientes de los fonemas de su lengua, porque la sustitución de unos por otros cambia el significado de las palabras, pero son menos conscientes de los alófonos que se corresponden con un único fonema.

Decimos que dos sonidos son alófonos del mismo fonema (y no fonemas diferentes) cuando no encontramos pares mínimos. Esta distribución, como decimos, puede variar de una lengua a otra.

La relación entre fonemas y sonidos a través de sus alófonos es específica de cada lengua.

Como ya hemos visto, en español [s] y [z] son alófonos del fonema /s/, porque no existen pares mínimos de palabras en los cuales al cambiar [s] por [z] cambie el significado de la palabra. Sin embargo, en inglés /s/ y /z/ son dos fonemas diferentes, puesto que existen pares mínimos: seal/zeal, bus/buzz, zip/sip.

En español, [ɾ] es un alófono del fonema /r/, ya que tiene valor contrastivo: pe_lo, pe_so, pe_go, pe_ro, pe_rro. Sin embargo, en inglés [ɾ] es un alófono del fonema /d/, ya que no existen pares mínimos. El alófono [ɾ] puede aparecer al pronunciar palabras como "la_dy", "pe_dal" o "A_dam", pero dichas palabras también se pueden pronunciar a través del alófono [d] sin que cambie el significado de estas.

EJERCICIO 14. Busca un PAR MÍNIMO para cada uno de los siguientes contrastes fonológicos:

a. /p/ frente a /b/   d. /m/ frente a /n/   g. /n/ frente a /ɲ/
b. /t/ frente a /d/   e. /x/ frente a /p/   h. /f/ frente a /d/
c. /r/ frente a /ɾ/   f. /l/ frente a /m/

3.9. CORRESPONDENCIA ENTRE FONEMAS Y ALÓFONOS

 El número de alófonos o sonidos es mayor que el de fonemas.

El número de fonemas es menor que el de alófonos. Esto se debe a que, aunque haya algunos fonemas que siempre se manifiestan a través de un único alófono, es también un fenómeno frecuente que haya dos o más alófonos que se correspondan con un único fonema. Como se indicó en el apartado anterior, muchos hablantes nativos no son conscientes de la diferencia entre dos alófonos del mismo fonema. El hecho de que no existan pares mínimos, es decir, series de dos palabras que se diferencien por tener un sonido u otro y que permitan distinguir ambos elementos fónicos, ayuda a entender dicha dificultad. A continuación, veremos qué tipo de correspondencias encontramos entre fonemas y alófonos en español:

a. 1 fonema, 1 alófono. En muchos casos, la correspondencia entre sonidos y fonemas es biunívoca; es decir, a un fonema corresponde un único sonido o alófono y este alófono se corresponde solamente con ese fonema (véase la tabla 3.13). Esto es lo que sucede en doce de las consonantes del español.

TABLA 3.13. Correspondencias entre fonemas y alófonos en español

FONOLOGÍA: FONEMAS / /	FONÉTICA: ALÓFONOS [ ]
/p/	[p] bilabial oclusivo sordo
/t/	[t] dental oclusivo sordo
/k/	[k] velar oclusivo sordo
/f/	[f] labiodental fricativo sordo
/x/	[x] velar fricativo sordo
/tʃ/	[tʃ] palatal africado sordo
/l/	[l] alveolar lateral sonoro
/ɾ/	[ɾ] alveolar vibrante simple sonoro
/r/	[r] alveolar vibrante múltiple sonoro
/m/	[m] bilabial nasal sonoro
/n/	[n] alveolar nasal sonoro
/ɲ/	[ɲ] palatal nasal sonoro

b. 1 fonema, 2 alófonos. Sin embargo, en una serie de casos, existen dos alófonos para un único fonema. Las consonantes /b/, /d/, /g/ se manifiestan a través de dos alófonos: uno oclusivo y otro fricativo:

/b/   [b] bilabial oclusivo sonoro
      [β] bilabial fricativo sonoro

Los contextos de uso del alófono oclusivo [b] son:

a. principio del discurso: vale
b. después de pausa: entonces, ah, vale
c. después de consonante nasal: ambos, invitar, cambio, un vaso

El alófono fricativo [ß] se usa en los demás contextos. En ninguno de dichos contextos se usa [b].

[b] y [ß] son alófonos que se encuentran en DISTRIBUCIÓN COMPLEMENTARIA. Esto quiere decir que en los contextos en los que aparece [b] no puede aparecer [ß] y viceversa.

/d/   [d] dental oclusivo sonoro
        [ð] dental fricativo sonoro

El alófono oclusivo [d] aparece en los siguientes contextos:

a. principio del discurso: doy
b. después de pausa: por eso, doy . . .
c. después de consonante nasal: cuando, un dato, andar
d. después de [l]: caldo, el día

 Dos alófonos están en distribución complementaria cuando dos sonidos de un fonema alternan según el contexto fónico.

Por su parte, [ð] se usa en los demás contextos, en ninguno de los cuales se usa [d]. [d] y [ð] son alófonos en DISTRIBUCIÓN COMPLEMENTARIA.

/g/   [g] velar oclusivo sonoro
        [ɣ] velar fricativo sonoro

Al igual que [b], el alófono [g] se utiliza en los siguientes casos:

a. principio del discurso: gracias
b. después de pausa: muy bien, gracias
c. después de consonante nasal: angustia, un gato, engatusar

Corresponden al alófono fricativo todos los demás contextos (todos los contextos en los que no se usa [g]). [g] y [ɣ] son alófonos en DISTRIBUCIÓN COMPLEMENTARIA.

EJERCICIO 15. Identifica los alófonos /b/, /d/, /g/ en el siguiente fragmento:

> Gustavo González vendió el gato siamés que un amigo le
> mandó desde Gran Bretaña. Ahora el dueño del gato es Benja-
> mín Gutiérrez, un vecino de Gustavo al cual vi una vez cuando
> estuve en su casa de visita.

Además de /b/, /d/, /g/, la consonante /ĵ/ también se manifiesta a
través de dos alófonos: uno africado y otro fricativo:

/ĵ/   [dʒ] palatal africado sonoro
       [ĵ] palatal fricativo sonoro

El alófono [dʒ] se usa en los mismos contextos que [d], es decir,

a. principio del discurso: yo
b. después de pausa: ¿quién, yo?
c. después de consonante nasal: enyesar, un yate, conllevar, un llavero
d. después de [l]: el yate, el llavero

En los demás contextos se usa [ĵ], en ninguno de los cuales se usa
[dʒ]. [dʒ] y [ĵ] son dos alófonos que se encuentran en distribución
complementaria.

Finalmente, la consonante /s/ dispone también de dos alófonos: uno
sordo y uno sonoro.

/s/   [s] alveolar fricativo sordo
       [z] alveolar fricativo sonoro

El alófono sonoro [z] aparece en posición final de sílaba si la consonante que sigue es una consonante sonora: esgrima, mazmorra, es bajo.

En todos los demás casos (todos aquellos en los que no se usa [z]),
se emplea el alófono sordo [s]: *casa, suave*. [s] y [z] son dos alófonos que se
encuentran en distribución complementaria.

EJERCICIO 16. Indica todos los casos de [dʒ] y [z] que aparecen en las siguientes oraciones:

a. La esposa de Juan Yáñez chocó con unas ramas y dañó su auto.
b. Desde que llegamos a Valladolid, compramos los zapatos por catálogo.
c. Yolanda lloró ayer todo el día porque perdió el yate de su abuela.

En la tabla 3.14, se presentan las correspondencias entre fonema, alófonos y letras en español estándar latinoamericano:

TABLA 3.14. Correspondencias entre fonemas, alófonos y letras

FONEMAS	ALÓFONOS	LETRAS/GRAFEMAS	EJEMPLOS
/p/	[p]	"p"	*para*
/b/	[b]	"b, v"	*bueno, vino*
	[ß]	"b, v"	*cantaba, lava*
/m/	[m]	"m"	*mono*
/f/	[f]	"f"	*fin*
/t/	[t]	"t"	*todo*
/d/	[d]	"d"	*dar*
	[ð]	"d"	*cada*
/s/	[s]	"s, c (ce, ci), z"	*sin, cena, zapato*
	[z]	"s, z"	*desde, mazmorra*
/n/	[n]	"n"	*cana*
/l/	[l]	"l"	*lado*
/r/	[r]	"r"	*caro, carta, letra*
/r/	[r]	"r (principio de palabra y después de "n", "l" y "s"), rr"	*carro, rico, honra, israelita*
/tʃ/	[tʃ]	"ch"	*chica*

(cont.)

TABLA 3.14. *(cont)*

FONEMAS	ALÓFONOS	LETRAS/GRAFEMAS	EJEMPLOS
/ʝ/	[ʝ]	"ll, y"	*calle, mayo*
	[dʒ]	"ll, y"	*lluvia, yate*
/ɲ/	[ɲ]	"ñ"	*caña*
/k/	[k]	"c (ca, co, cu), qu, k"	*casa, queso, kiosko*
/g/	[g]	"g (ga, go, gu), gu (gue, gui)"	*gana, guerra*
	[ɣ]	"g (ga, go, gu), gu (gue, gui)"	*hago, águila*
/x/	[x]	"j, g (ge, gi), x (topónimos)"	*juego, gente, México*

3.9.1. Fonemas con tres o más alófonos en distribución complementaria

Además de los casos en los que un mismo fonema se corresponde con dos alófonos, que presentamos en la sección anterior, en español existen desajustes mayores entre fonemas y alófonos; en concreto, los fonemas nasales y laterales presentan tres o más alófonos, dependiendo de cuál sea la consonante siguiente. Dado el carácter introductorio de este manual, no haremos hincapié en estas diferencias, que presentamos a continuación para el lector interesado. Dejaremos el análisis pormenorizado para manuales de fonética más avanzados.

En el caso del fonema /n/, podemos encontrar seis alófonos diferentes:

/n/→[m]: ante consonante bilabial: *conversar*
/n/→[ɱ]: ante consonante labiodental: *enfermo*
/n/→[n̪]: ante consonante dental: *diente*
/n/→[ɲ]: ante consonante palatal: *inyectar*
/n/→[ŋ]: ante consonante velar: *manco*
/n/→[n]: ante otros sonidos: *tonos, tensa*

Para el fonema lateral /l/, existen tres alófonos diferentes:

/l/→[l̪]: ante consonante dental: al*to*
/l/→[ʎ]: ante consonsnte palatal: el *y*ate
/l/→[l]: ante otros sonidos: mal*os*, fal*so*

APLICA TUS CONOCIMIENTOS: PROBLEMAS LINGÜÍSTICOS

PROBLEMA 1. Los sonidos [d] y [ð] existen tanto en español como en inglés, como se puede ver en los ejemplos siguientes:

[d]: el diente, cuando, caldo
[d]: band, day, a deer
[ð]: miedo, cardo, la dama
[ð]: breathe, they, with

Teniendo en cuenta esta información, determina si estos sonidos son relevantes para la fonología del español y del inglés. ¿Son alófonos del mismo fonema o fonemas diferentes? Justifica la respuesta.

PROBLEMA 2. Proporciona una transcripción fonética y fonológica de las siguientes oraciones. Para completar este ejercicio, sigue estos pasos:
a. Separa la oración en sílabas.
b. Sustituye las letras de cada sílaba por los alófonos (en la transcripción fonética) o los fonemas (en la transcripción fonológica) con los que se correspondan.
c. Indica cuál es la sílaba tónica de cada palabra de más de una sílaba con una tilde antes de la sílaba tónica.
d. La biblioteca perdió varios libros desde mayo.
e. Germán, guarda este dinero con llave para que no te lo roben.
f. Las guitarras de los chicos están en al armario del fondo.

PROBLEMA 3. Considera los siguientes grupos de palabras:
a. cata/cada/cara   d. pita/pida/pira
b. loto/lodo/loro   e. mota/moda/mora
c. moto/modo/moro

¿Qué problemas de comprensión surgen si un hablante de español como segunda lengua pronuncia las letras "t", "d" y "r" con interferencias del inglés?

PROBLEMA 4. En variedades del norte y centro de España, se utilizan dos sonidos más que en la variedad estándar latinoamericana: [Θ] y [ʎ]. Determina si estos sonidos son alófonos de los fonemas /s/ y /ʝ/, respectivamente, o si son fonemas en sí mismos.

PROBLEMA 5. ¿En qué dialecto del mundo hispánico se pronunciarían estas secuencias? Indica en qué fenómenos dialectales te basas para tu respuesta:
a. [la.ma.jo.ˈri.a.ðe.loh.mu.ˈʃa.ʃoh.so.ˈna.xi.leh]
b. [laś.ˈΘin.ko.ˈśi.ja.śa.ma.ˈri.jaś]
c. [la.ma.ʃo.ˈri.a.ðe.loh.mu.ˈtʃa.tʃoh.so.ˈna.xi.leh]
d. [loh.ha.ˈʀo.neh.ðe.en.ˈʀi.ke]
e. [a.ˈke.jah.ˈʃi.kah.son.he.ˈme.las]

PARA SABER MÁS

Para una visión panorámica de la fonética, véase Gil (1987) y Gordon (2016) para una aproximación interlingüística y tipológica a la fonología. Si te interesa profundizar en algún aspecto concreto del capítulo, un buen recurso es Gutiérrez Rexach (ed.) (2016). Además de los capítulos que se dedican a ofrecer una panorámica de las dos disciplinas, se dedican capítulos independientes a los siguientes conceptos: acento, consonantes, entonación, fonema, sílaba y vocales. Otros trabajos recomendables de fonética y fonología del español son Quilis (2010), Morgan (2010), Schwegler y Ameal-Guerra (2019), y Tuten, Tejedo-Herrero, Rao y Clarke (2022). Bybee (2001) ofrece una visión de la fonología que cuestiona la relevancia de la unidad fonema y se afinca en el uso y la frecuencia de patrones fonológicos en las palabras. Moreno Fernández (2020) ofrece una visión accesible a la variación geográfica en el mundo hispánico. Para una visión más detallada, véanse Lipski (1994) y Alvar (1996).

Morfología

OBJETIVOS

- Aislar morfemas utilizando los procesos de segmentación y conmutación y, mediante estos procesos, distinguir entre morfemas y otros segmentos (no morfemáticos) que aparecen dentro de la palabra
- Identificar diferentes tipos de morfemas teniendo en cuenta los alomorfos, la posición que ocupan en el interior de la palabra y los significados que transmiten
- Analizar morfológicamente las palabras, identificando los morfemas que las componen, sus tipos y el proceso de concatenación de morfemas a través del que se crean las palabras
- Distinguir los principales procesos de formación de palabras del español teniendo en cuenta los tipos de morfemas que se pueden identificar en su interior
- Identificar las diferentes clases de palabras usando como punto de partida una aproximación basada en prototipos que consideran las características morfológicas, sintácticas y semánticas de cada clase

En el capítulo anterior, presentamos los fundamentos de fonética y fonología, disciplinas que estudian la sílaba, el fonema y sus alófonos, es decir, las unidades que solamente tienen significante. El presente capítulo está dedicado a la morfología, disciplina que se encarga de estudiar la palabra en lo que respecta a su organización interna y a su tipología. El objeto de estudio de la morfología son las unidades de la primera articulación (es decir, aquellas que disponen tanto de significante como de significado): el MORFEMA (o signo mínimo, porque no se puede descomponer en unidades más pequeñas con significado) y la PALABRA. Esta será también objeto de estudio del capítulo siguiente (sintaxis) porque las palabras se combinan unas con otras formando unidades jerárquicamente superiores como la oración.

 La morfología estudia la estructura y tipología de las palabras.

4.1. PALABRA, MORFEMA, MORFO Y ALOMORFO

La palabra es quizás la unidad lingüística de la que más conscientes son los hablantes. Aunque resulta complicado encontrar criterios de identificación que se puedan aplicar a todos los contextos, en términos generales, podemos decir que la palabra se caracteriza porque es una unidad aislable con límites fijos, lo cual permite insertar otras palabras antes y después de ella, pero no en su interior. De este modo, podemos decir "niña", "esta niña", "esta niña mayor", pero no "*niñmayora". La palabra como unidad lingüística no siempre coincide con la palabra ortográfica; es decir, la unidad que se escribe entre dos espacios en blanco. Por ejemplo, "he comido" son dos palabras ortográficas, pero una sola palabra lingüística. Así, no podemos incluir ninguna palabra entre "he" y "comido". No decimos *He ya comido, sino Ya he comido o He comido ya, ni *He siempre comido sino Siempre he comido o He comido siempre.

 En este contexto, español e inglés se comportan de manera diferente, dado que en inglés sí es posible insertar palabras entre "have" y el participio pasado (I have already eaten, I have always eaten).

La palabra tiene estructura interna y normalmente se puede dividir en unidades más pequeñas. Por ejemplo, la palabra "intolerable" puede descomponerse en dos tipos de unidades:

a. Unidades que solo tienen significante: "in-to-le-ra-ble". A través de esta segmentación, obtenemos sílabas (vid. capítulo 3).
b. Unidades con significante y significado: "in-toler-able". A través de esta segmentación, obtenemos morfemas. Este es el tipo de estudio que nos interesa en este capítulo de morfología.

En morfología, las palabras se dividen en morfemas. El morfema es el signo o unidad mínima del análisis gramatical.

El MORFEMA es el signo mínimo, es decir, la unidad más pequeña del análisis gramatical. Como se trata de un signo, el morfema es una unidad biplana que consta de significante y significado. El significante de un morfema recibe el nombre de MORFO. Por ejemplo, en el morfema "in-", que aparece en "intolerable", "incapaz", "incumplir" o "inofensivo", el morfo/significante es /in/ y el significado es 'privación, negación'.

 Para identificar un morfema, utilizamos los procedimientos de segmentación y conmutación, buscando unidades con significado.

Para establecer si un determinado segmento o parte de una palabra constituye o no un morfema es necesario que dicho elemento añada un significado adicional a la palabra y que pueda aparecer en otras palabras aportando el mismo significado. Para identificar un morfema, se utilizan los procedimientos de segmentación y conmutación. En el proceso de segmentación, es importante que todas las unidades resultantes sean morfemas, es decir, que podamos asignarle un significado a cada una de esas formas. El procedimiento de conmutación nos permite determinar si la segmentación que hemos realizado previamente es adecuada. Por ejemplo, en la palabra "intolerable" podemos identificar tres morfemas diferentes: "in-toler-able". Sabemos que cada uno de estos elementos es un morfema porque se puede asociar con un significado:

in-: 'privación, negación'
-toler-: 'tolerar, soportar'
-able: 'que experimenta la acción'

Podemos determinar que esta segmentación es adecuada a través del proceso de conmutación, que nos permite identificar estos mismos morfemas en otras palabras. El morfema "in-" aparece en palabras como "incapaz", "incumplir" e "inofensivo" con el mismo significado. El morfema "-toler-" aparece en otras palabras ("tolerar", "tolerante", "tolerancia") con el mismo significado y, finalmente, "-able" también tiene el mismo significado en palabras como "deseable", "amable" y "estable".

En algunas lenguas (denominadas aglutinantes), existen límites fijos entre cada uno de los morfemas que forman una palabra. Esto quiere decir que existe una relación unívoca entre cada morfo y cada morfema (1 morfo = 1 morfema). Sin embargo, dicha correlación no se manifiesta de forma tan clara en lenguas flexivas como el español. En español, un mismo morfema puede representarse a través de más de un morfo. Por ejemplo, como se puede ver en la tabla 4.1, el morfema "in-" puede a veces aparecer como "im-" ("imposible", "imberbe", "impredecible"), o como "i-" ("ilógico", "irracional", "ilícito"). El uso de cada uno de estos alomorfos está determinado por motivos fónicos u ortográficos: "im-" se utiliza cuando aparece antes de las bilabiales /p/ y /b/, "i-" se utiliza con las líquidas /l/ y /r/ e "in-" en los demás contextos. Se dice entonces que "im-", "i-" e "in-" son ALOMORFOS del mismo morfema.

TABLA 4.1. El morfema y sus partes

SIGNIFICANTE	SIGNIFICADO
alomorfos ⟵→ morfo "in-" / morfo "im-" / morfo "i-"	'privación/negación'

 Los morfemas presentan en ocasiones alomorfos o variantes formales mínimas en función del contexto fónico y ortográfico.
Los alomorfos se caracterizan generalmente por la similitud fónica.

He aquí otros ejemplos:

> duerm-o, dorm-imos, durm-iendo
> compadre, co-autor, conciudadano
> melon-ar, trig-al

No siempre que hay similitud fónica podemos hablar de alomorfos; solamente en aquellos casos en los que los morfos tienen el mismo significado. Por ejemplo, "in-", "im-" e "i-" todos significan 'negación, privación'. Asimismo, "duerm-", "dorm-" y "durm-" comparten el significado de 'dormir'. Sin embargo, en otros casos, aunque haya similitud fónica, tenemos morfemas diferentes. Por ejemplo, "ante-" y "anti-" son dos morfemas diferentes porque no tienen el mismo significado: "ante-" significa 'delante' o 'antes' (anteponer, antediluviano), mientras que "anti-" significa 'contrario a' (antibalas, anticonceptivo).

EJERCICIO 2. Determina si los pares en las siguientes series son alomorfos del mismo morfema o morfemas diferentes. Justifica la respuesta.
a. -ez: estupidez, ordinariez, altivez
    -eza: vileza, bajeza, grandeza
b. -ico: papelico, cochecico, abanico
    -aco: pajarraco, libraco, tiparraco

EJERCICIO 3. Utilizando los mecanismos de segmentación y conmutación, identifica los morfemas existentes en las siguientes palabras.

a. blanquear   c. furioso   e. sinceramente
b. cuartucho   d. librerías   f. subestimada

4.2. TIPOLOGÍA DE MORFEMAS: RAÍCES, PREFIJOS, SUFIJOS Y CIRCUNFIJOS

Los morfemas pueden clasificarse de acuerdo con diferentes criterios. Uno de los criterios que nos permite clasificar los morfemas es su distribución, es decir, la posición que ocupan dentro de la palabra. Por medio de este criterio, podemos distinguir cuatro tipos de morfemas: raíces, prefijos, sufijos y circunfijos, tal y como se muestra en la figura 4.1.

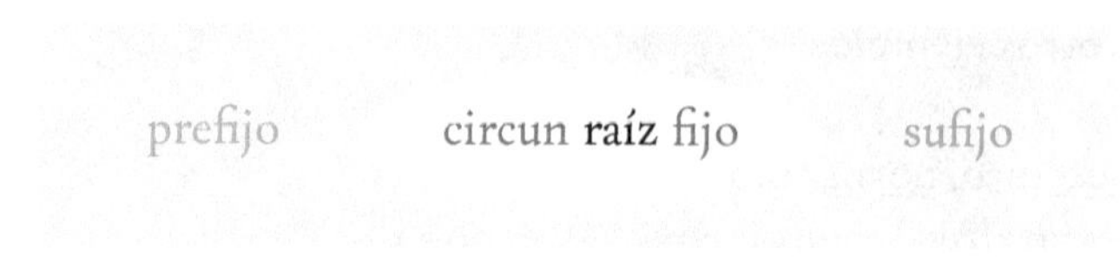

prefijo   circun **raíz** fijo   sufijo

FIGURA 4.1. Distribución de morfemas en el interior de la palabra

La carga de significado fundamental de la palabra se encuentra en la
RAÍZ (claro). La raíz de la palabra es el primer elemento que conviene
identificar en el análisis morfológico. Antes de esta, pueden aparecer
PREFIJOS (superclaro) y después SUFIJOS (clarear). Los CIRCUNFIJOS
son morfemas discontinuos que rodean la raíz; es decir, aparecen antes
y después de la raíz (aclarar). Hablamos de circunfijo cuando un prefijo
y un sufijo se unen simultáneamente a la raíz. Por ejemplo, del adjetivo
"claro" formamos el verbo "aclarar". ¿Por qué decimos que "a ... ar" es
un único morfema circunfijo y no dos morfemas (un prefijo y un sufijo)?
Porque no existe el verbo "*clarar". Eso quiere decir que "aclarar" deriva
directamente de "claro" al agregarle al mismo tiempo el prefijo "a-" y el
sufijo "-ar". De este modo, "a ... ar" es un circunfijo.

En el análisis morfológico diferenciamos raíz, prefijo, sufijo y circunfijo, según el criterio de distribución de los morfemas.

En inglés, existen muchos ejemplos de prefijos (unhappy, premodern)
y sufijos (kingdom, greenish), pero hay muy pocos circunfijos. Una
palabra que tiene circunfijo es enlighten (< "light").

Sustantivos, adjetivos, verbos y adverbios siempre constan en español de una raíz y pueden tener también sufijos, prefijos y circunfijos.
A continuación, presentamos algunos ejemplos:

a. El sustantivo "mesa" consta solo de una raíz: "mesa".
b. El adverbio "anteayer" está formado por una raíz "ayer" y un prefijo "ante-".
c. El adjetivo "prehistórico" está formado por un prefijo "pre-", una
   raíz "histor-" y dos sufijos "-ic"- y "-o".

d. El verbo "enrojecer" está formado por una raíz "roj-" y un circunfijo "en ... ecer".

e. El adverbio "fácilmente" está formado por una raíz "fácil" y un
sufijo "-mente".

EJERCICIO 4. Identifica los prefijos en las siguientes palabras y el significado que aportan. Indica otra palabra que tenga el mismo prefijo.

a. descontento
b. multicolor
c. exocéntrico
d. posdata

e. extramuros
f. predicción
g. hipermercado
h. renombrar

i. infrarrojo
j. submarino
k. minifalda
l. superdotado

EJERCICIO 5. Identifica los sufijos existentes en las siguientes palabras y
el significado que aportan. Indica otra palabra que tenga el mismo sufijo.

a. catastrofismo
b. legalizar
c. combativo
d. limeña

e. condicional
f. listísimo
g. confianza
h. negociable

i. florecer
j. niñez
k. fortachón
l. pequeñito

EJERCICIO 6. Identifica los circunfijos existentes en las siguientes palabras. Indica otra palabra que tenga el mismo circunfijo.

a. afear
b. desplumar
c. anaranjado

d. empapelar
e. descarrilar
f. ennoblecer

g. desnatar
h. ensuciar

4.3. LA ESTRUCTURA DE LAS PALABRAS: CÓMO
HACER UN ANÁLISIS MORFOLÓGICO

Las palabras no se forman añadiendo simultáneamente los morfemas que
las constituyen; es decir, las palabras no son un conjunto de morfemas
que se agregan a la raíz al mismo tiempo. Por el contrario, la estructura
interna de las palabras es jerárquica; los morfemas se combinan entre sí
de uno en uno. Cada vez que se agrega un morfema, se crea una nueva
palabra. Por ejemplo, la palabra "increíble" se puede segmentar en los
siguientes morfemas:

a. in-: prefijo, 'negación' (aparece en palabras como "incalculable", "inmoral" e "inviable" con el mismo significado)
b. cre-: raíz, 'creer' (aparece en "creer", "creyente" y "creencia" con el mismo significado)
c. -íble: sufijo 'que experimenta la acción' (aparece en "bebible", "posible", "comestible" con el mismo significado)

Para explicar el proceso de formación de esta palabra, podemos considerar dos posibilidades:

a. creer (verbo) > creíble (adjetivo) > increíble (adjetivo)
b. creer (verbo) > *increer (verbo) > increíble (adjetivo)

Dado que "*increer" no existe en español, el orden de concatenación de los morfemas debe ser el que se ejemplifica en a. y no en b. Este hecho nos muestra que los morfemas no se agregan a las palabras simultáneamente / linealmente, sino jerárquicamente.

En un análisis morfológico, debemos indicar los tipos de morfemas (raíz, sufijo, prefijo o circunfijo), además del orden en que los morfemas se agregan a las palabras.

Para que el análisis morfológico de una palabra sea completo, se debe indicar lo siguiente:

a. Los tipos morfemas (raíz, sufijo, prefijo, circunfijo) que componen dicha palabra y el significado que aporta cada uno de ellos. Los significados se indican utilizando comillas simples (').
b. El orden de concatenación de los morfemas, indicando la clase de palabra (p. ej. sustantivo, adjetivo, verbo, adverbio) a la que pertenecen las unidades que integran la palabra completa.

    Ejemplo: "desmitificación"
    a. des-: prefijo, 'privación, negación'
        mit-: raíz, 'mito'
        -ific-: sufijo, 'sufijo de verbos, convertir en'
        -ación: sufijo, 'acción de'

b. mito (sustantivo) > mitificar (verbo) > mitificación
(sustantivo) > desmitificación (sustantivo)

EJERCICIO 7. Analiza morfológicamente las siguientes palabras. Recuerda
que, para que el análisis sea completo, debes indicar lo siguiente:
* Los tipos de morfemas que componen cada palabra
* El significado que aporta cada uno de ellos
* El orden de concatenación de los morfemas, indicando la clase de
palabra a la que pertenecen las unidades que integran la palabra
completa:

a. agrupación   c. antirrábica
b. labradores   d. rosaleda

4.4. MORFEMAS DERIVATIVOS Y FLEXIVOS

En español, los morfemas derivativos permiten crear palabras nuevas
a través de prefijos: "pre-" en premoderno, "a-" en amoral, "mini-" en
minifalda; sufijos: "-ez" en rapidez, "-dad" en maldad, "-or" en revisor
o circunfijos: "en ... ecer" en enrojecer, "a ... ar" en ablandar o "en ...
ar" en ensuciar. Los morfemas derivativos pueden convertir una clase
de palabra en otra. Por ejemplo:

rojo (adjetivo) → enrojecer (verbo)
malo (adjetivo) → maldad (sustantivo)

Al agregar el circunfijo "en ... ecer" al adjetivo "rojo", obtenemos
el verbo "enrojecer". Igualmente, cuando agregamos el sufijo "-dad" al
adjetivo "malo" obtenemos el sustantivo "maldad".

Los morfemas derivativos permiten cambiar la clase de palabra: si son
circunfijos, siempre cambian la clase de palabra; si son sufijos, a veces
sí y a veces no, y, si son prefijos, nunca.

En otros casos, los morfemas derivativos no cambian la clase de la palabra, sino que aportan un cambio sustancial al significado inicial de la palabra:

manzano (sustantivo) → manzanal (sustantivo)
moderno (adjetivo) → premoderno (adjetivo)

Por ejemplo, al agregar el sufijo "-al" al sustantivo "manzano", no cambiamos la clase de palabra; obtenemos otro sustantivo: "manzanal". El significado del sufijo "-al" 'terreno poblado de' modifica sustancialmente el significado de la palabra: "manzano" 'árbol que da manzanas' → "manzanal" 'terreno poblado de manzanos'. Del mismo modo, si agregamos el prefijo "pre-" al adjetivo "moderno", no cambiamos la clase de la palabra; obtenemos otro adjetivo: "premoderno". El significado del prefijo "pre-" 'antes de' modifica sustancialmente el significado de la palabra: "moderno" 'actual, reciente' → "premoderno" 'antes de moderno'.

En español, los circunfijos siempre cambian la clase de la palabra a la que se agregan (rojo → enrojecer); los sufijos a veces cambian la clase de la palabra (malo → maldad) y a veces no la cambian (manzano → manzanal) y los prefijos no cambian la clase de la palabra (moderno → premoderno). Estas diferencias aparecen resumidas en la tabla 4.2.

Dentro de la clase de los sufijos, existe un tipo de sufijos llamados apreciativos, que se utiliza para expresar valoraciones afectivas positivas o negativas. Son sufijos apreciativos los diminutivos ("-it-" en librito), los aumentativos ("-az-" en codazo) y los despectivos ("-ej-" en tipejo). Al agregar un sufijo apreciativo, la clase de palabra no varía: codo (sustantivo) → codazo (sustantivo).

TABLA 4.2. Diferencias entre prefijos, circunfijos y sufijos

	CAMBIAN LA CLASE DE PALABRA	NO CAMBIAN LA CLASE DE PALABRA
prefijos		✓
circunfijos	✓	
sufijos	✓	✓

Los morfemas flexivos del español son los siguientes:

a. GÉNERO: masculino vs. femenino
b. NÚMERO: singular vs. plural
c. PERSONA: primera vs. segunda vs. tercera
d. TIEMPO: pasado vs. presente vs. futuro
e. MODO: indicativo vs. subjuntivo
f. ASPECTO: perfectivo vs. imperfectivo
g. VOZ: activa vs. media vs. pasiva

Los morfemas flexivos en español se indican a través de sufijos:

  libro (singular) — libro<u>s</u> (plural)
  cant<u>ó</u> (pretérito) — canta<u>ba</u> (imperfecto)

Los circunfijos y los prefijos nunca son morfemas flexivos en español.
Además, las categorías género, número, persona, tiempo, modo, aspecto
y voz se pueden expresar en español a través de otros mecanismos no
morfológicos:

a. perífrasis verbales (verbo + infinitivo/gerundio/participio): <u>trajo</u>
   (voz activa) — <u>fue traído</u> (voz pasiva)
b. cambio de raíz (supleción / supletivismo): <u>yo</u> (primera persona) —
   <u>tú</u> (segunda persona) — <u>él</u> (tercera persona)

Algunos de los significados que se asocian con los morfemas flexivos
se expresan a través de sufijos en español, pero a través de perífrasis
verbales en inglés: tiempo futuro (cantar<u>é</u> — I <u>will</u> sing), modo subjuntivo (ojalá se march<u>ara</u> — I wish he <u>would</u> leave), aspecto imperfectivo
(llov<u>ía</u> — it <u>was</u> raining).

Frente a los morfemas derivativos, los morfemas flexivos son altamente productivos. Por ejemplo, el morfema de número aparece en todos
los sustantivos (bombero<u>s</u>, pescadero<u>s</u>, deportista<u>s</u>, artista<u>s</u>), mientras
que los morfemas derivativos restringen su uso a algunos sustantivos
concretos: "-ero" aparece en bomb<u>ero</u>, pescad<u>ero</u>, pero no en *deport<u>ero</u>
(deport<u>ista</u>) o *art<u>ero</u> (art<u>ista</u>).

Otra característica que distingue a los morfemas derivativos de los flexivos es su posición con respecto a la raíz: los primeros se colocan más cerca de la raíz, mientras que los segundos aparecen al final de la palabra, más alejados de la raíz. De hecho, cuando hay morfemas derivativos y flexivos en una misma palabra, los derivativos preceden a los flexivos. Por ejemplo, en la palabra "libreras", el morfema derivativo "-er-" 'profesión' precede a los morfemas flexivos "-a" 'femenino' y "-s" 'plural'.

Además, el alcance de los morfemas flexivos sobrepasa el nivel de la palabra. Por ejemplo, el sustantivo "bicicleta" tiene género femenino. Eso quiere decir que todos los elementos que modifiquen este sustantivo en la oración tendrán también género femenino:

a. artículos: la bicicleta
b. adjetivos: bicicleta cara, bicicleta amarilla
c. demostrativos (esta bicicleta), posesivos (nuestra bicicleta), indefinidos (alguna bicicleta) y otros determinantes (veintiuna bicicletas)

El alcance de los morfemas flexivos sobrepasa el límite de la palabra, tal y como muestra la concordancia entre sustantivos, adjetivos y determinantes.

El género del sustantivo "bicicleta" determina el género de todos los modificadores de esa palabra en una oración. En los artículos, adjetivos, demostrativos, posesivos, indefinidos y otros determinantes, el género y el número son morfemas de concordancia; estas clases de palabras concuerdan en género y número con el sustantivo:

> Este niño tiene unos padres fantásticos.
> La barca estaba varada en el río.
> Aquellos libros son míos.
> Habían avisado a la policía por la mañana.
> Todas las chicas se habían ido a casa.

EJERCICIO 8. El morfema de plural del español tiene dos alomorfos: "-s" y "-es". Forma el plural de los siguientes sustantivos y determina en qué contextos se utiliza "-s" y en qué contextos se utiliza "-es":

a. cama	d. mar	g. ciudad	j. tabú
b. fuente	e. ciprés	h. rey	k. esquí
c. canción	f. papel	i. codo	l. vez

Los morfemas flexivos de género y número aparecen también en los pronombres personales (él-ell<u>a</u>, él-ell<u>os</u>). Además, el morfema de número se manifiesta en el verbo amalgamado con el morfema de persona, en concordancia con el número y persona del sujeto de la oración:

> (Yo) vend<u>o</u> — (Nosotros) vend<u>emos</u> (número: singular-plural)
> (Yo) vend<u>o</u> — (Tú) vend<u>es</u> (persona: primera-segunda)

Asimismo, los verbos poseen morfemas flexivos de tiempo, modo y aspecto:

> cant<u>aron</u> — cant<u>arán</u> (tiempo: pretérito-futuro)
> cant<u>aron</u> — cant<u>aran</u> (modo: indicativo-subjuntivo)
> cant<u>aron</u> — canta<u>ban</u> (aspecto: perfectivo-imperfectivo)

Como se indica en la tabla 4.3, el análisis de las formas verbales presenta una estructura formada por una raíz (R), una vocal temática (no siempre presente) (VT), un morfema de modo, tiempo y aspecto (MTA), y un morfema de número y persona (NP). Dicha estructura puede encontrarse en segmentos independientes en las formas verbales más prototípicamente regulares:

TABLA 4.3. Análisis morfológico de los verbos del español

RAÍZ (R)	VOCAL TEMÁTICA (VT)	MORFEMA FLEXIVO DE MODO, TIEMPO Y ASPECTO (MTA)	MORFEMA FLEXIVO DE NÚMERO PERSONA (NP)
am	á	ba	mos
am	a	ré	
com		ía	s

(cont.)

TABLA 4.3. (*cont.*)

RAÍZ (R)	VOCAL TEMÁTICA (VT)	MORFEMA FLEXIVO DE MODO, TIEMPO Y ASPECTO (MTA)	MORFEMA FLEXIVO DE NÚMERO PERSONA (NP)
escrib	i	rá	n
corr	e		s

 En las formas verbales, la estructura morfológica se puede dividir en raíz + vocal temática + morfema de modo, tiempo y aspecto + morfema de número y persona.

Cada una de estas unidades podemos identificarla si utilizamos los procedimientos de segmentación y conmutación sobre la forma verbal. La raíz "am-" se mantiene en formas como am<u>a</u>ré, am<u>é</u>, am<u>a</u>ría o am<u>a</u>ra. Para identificar la raíz de cualquier verbo, se elimina del infinitivo la terminación "-ar", "-er" o "-ir". Por ejemplo, la forma "escribiéramos" pertenece al verbo "escribir". La raíz de "escribir" es "escrib-". Los llamados verbos irregulares del español con frecuencia presentan diferentes alomorfos en la raíz. Así, el verbo "sentir" tiene tres alomorfos en la raíz:

> sent-: <u>sent</u>imos
> sient-: <u>sient</u>o
> sint-: <u>sint</u>amos

 En los verbos, es muy importante considerar los alomorfos de la raíz y de los morfemas flexivos. También hay que tener en cuenta que un mismo morfema verbal puede expresar más de un significado. Finalmente, debemos considerar los diferentes paradigmas según la conjugación, además de las formas irregulares.

Dada la naturaleza elemental de este volumen, no dedicaremos atención a analizar o explicar los fenómenos que condicionan la alomorfia de raíz típica de los verbos irregulares y que se deben a causas de naturaleza histórica.

EJERCICIO 9. Compara las siguientes secuencias de formas e identifica las raíces verbales.

a. cantamos, miramos, pasamos, rezamos, amamos, escuchamos
b. deben, aparecen, saben, temen, barren, embravecen, establecen
c. abriría, aduciría, combatiría, evadiría, persuadiría, traduciría

En la forma verbal "amábamos", el morfema de MTA es "-ba-", que se mantiene en otros verbos de la primera conjugación: tirábamos, cortaban, cantabas. En los verbos de la segunda y tercera conjugación, el morfema equivalente es "-ía-": comíamos, salíamos. Tanto "-ba-" como "-ía-" son alomorfos del morfema de imperfecto de indicativo. Igualmente, el morfema de NP "-mos" aparece en las formas de primera persona del plural en otros verbos: comíamos, caminamos, saldremos.

EJERCICIO 10. Identifica a continuación los morfemas de tiempo, modo y aspecto en las siguientes formas, así como su significado gramatical:

a. nevará, nadará, obligará, odiará, pagará, reinará
b. quemaremos, secaremos, subiremos, venderemos, celebraremos, compartiremos
c. amen, teman, coman, evadan, deban, aprendan
d. abandonasen, colocasen, ganasen, hallasen, interesasen, llorasen

EJERCICIO 11. Destaca, finalmente, los morfemas de persona y número de las siguientes series y su significado gramatical:

a. cantamos, salimos, tememos, sacamos, colocamos, lloramos, freímos, aducimos
b. mirabas, tenías, barrías, levantabas, llevabas
c. ofrece, canta, pide, pega, come, saca
d. hieren, salen, repasan, sitúan, tratan, votan

EJERCICIO 12. Separa en las siguientes formas verbales: la raíz (R); la vocal temática (VT) si está presente; el morfema de modo, tiempo y aspecto (MTA), y el morfema de número y persona (NP), de acuerdo con este ejemplo:

correrían	corr	e	ría	n
	R	VT	MTA	NP

a. comerás	e. reprochas	i. manchen
b. enfadaras	f. modernicemos	j. donaré
c. buscasen	g. admitamos	
d. partiríamos	h. navegaban	

El español presenta una importante riqueza morfológica en lo que respecta al sistema verbal (como puedes ver en los apéndices). A continuación, presentamos una caracterización de las formas verbales del español de acuerdo con los morfemas flexivos de tiempo, modo y aspecto.

4.4.1. El sistema verbal del español: tiempo

La categoría gramatical TIEMPO (a veces también llamada TEMPORA-LIDAD) está íntimamente relacionada con el tiempo real, tal como lo conceptualizamos los seres humanos. En muchas ocasiones, tiempo real y tiempo gramatical coinciden. Por ejemplo, en *Ayer fui a esquiar*, nos referimos a una acción que sucedió en el pasado (tiempo real) a través de una forma verbal ("fui") que se caracteriza como pretérito (tiempo gramatical). Sin embargo, a veces existen desajustes entre el tiempo real y el tiempo gramatical. Por ejemplo, en la oración *Salgo mañana para Nueva York*, el tiempo gramatical es presente, pero el tiempo real es futuro. Cuando hablamos de tiempo gramatical, estamos orientando un evento con respecto al momento del habla. Es por tanto una forma de deíxis (marcación temporal). Las orientaciones temporales pueden ser de tres tipos:

a. Anterioridad con respecto al momento del habla: llovió ayer.
b. Simultaneidad con respecto al momento del habla: llueve ahora.
c. Posterioridad con respecto al momento del habla: lloverá mañana.

 El tiempo gramatical marca la anterioridad, simultaneidad o posterioridad de un evento con respecto al momento del habla.

Algunos eventos pueden estar orientados hacia un punto en el tiempo que a su vez está directamente orientado con respecto al momento del habla. Por ejemplo, "había llovido" indica un evento anterior respecto de un punto en el tiempo anterior al momento del habla. En la oración *Nos dijo que había llovido el día anterior*, "llover" sucede antes que "decir" y "decir" a su vez sucede antes del momento del habla. Por su parte, "llovería" indica un evento posterior con respecto a un punto anterior al momento del habla. En *Nos dijo que llovería todo el fin de semana*, "llover" sucede después de "decir" y "decir" sucede antes del momento de habla.

EJERCICIO 13. Describe el valor temporal de las formas verbales que aparecen subrayadas en las siguientes oraciones.

Modelo:
Fuimos al cine el domingo pasado.
Fuimos: anterioridad con respecto al momento del habla.

a. Hoy se celebran las elecciones generales.
b. Me informó de que ya habían solucionado el asunto hace tiempo.
c. Mañana acabaremos el tema 6 del libro.
d. Me comentó que tendría mucho trabajo toda la semana que viene.

4.4.2. El sistema verbal del español: modo
Al igual que podemos distinguir entre la categoría conceptual/extralingüística tiempo y la categoría gramatical tiempo/temporalidad, también hablaremos de una categoría conceptual modalidad y una categoría gramatical modo. La modalidad es la actitud del hablante en relación con el mensaje. Se distinguen tres tipos básicos de modalidad:

a. Declarativa. El hablante conoce la realidad y transmite una información sobre ella:

Hoy no voy a la oficina

b. Deliberativa. El hablante desconoce la realidad e indaga sobre ella:

¿Vas a ir hoy a la oficina?
Dudo que vaya hoy a la oficina

c. Impresiva. El hablante quiere cambiar la realidad:

> Ve a la oficina
> Ojalá vaya a la oficina
> No quiero que vaya a la oficina

El modo es un morfema flexivo que aparece en el verbo para expresar significados relacionados con la modalidad. En español se distinguen generalmente tres modos:

a. indicativo
b. subjuntivo
c. imperativo

El imperativo se usa para la modalidad impresiva. El imperativo se asocia con la función de ejecutar mandatos, pero también se puede utilizar para realizar invitaciones, sugerencias y peticiones:

> Lleva las servilletas y las cucharillas de postre para el jardín
> Ven conmigo a la fiesta
> Ponme un kilo de naranjas

 El modo sirve para expresar la actitud del hablante ante la acción: realizar un mandato, establecer un hecho o expresar una reacción o evaluación.

El indicativo y el subjuntivo implican actitudes diferentes por parte del hablante ante el mensaje. Tradicionalmente, el subjuntivo se considera el modo de la subordinación; es decir, está regido/exigido por una palabra (por ejemplo, un verbo) que aparece en el contexto inmediatamente anterior. Así, por ejemplo, el verbo "querer" rige subjuntivo, mientras que el verbo "declarar" rige indicativo en español:

> Quiero que <u>vengas</u> a México a visitarme.
> Declaro que no <u>tengo</u> ningún terreno en propiedad.

En términos generales, se puede afirmar que los verbos que indican modalidad declarativa ("afirmar", "confirmar", "pensar", "comentar") rigen indicativo:

Comentaron que se <u>había enterado</u>.
Pienso que <u>saldrá</u> todo bien.
Confirmó que <u>salía</u> en ese momento.

El subjuntivo se combina con verbos que indican modalidad deliberativa o impresiva, tales como "dudar", "mandar", "querer", "desear":

Me mandó que <u>fuese</u> a comprar flores.
Quiero que <u>vengas</u> conmigo.

También se utiliza el subjuntivo después de verbos o construcciones que expresan evaluaciones o reacciones subjetivas:

Me gusta que <u>tengas</u> las tardes libres.
Es importante que <u>hagan</u> un seguro del hogar.
Es estupendo que <u>hayas dormido</u> tantas horas seguidas.

Además de los verbos, algunas conjunciones también rigen subjuntivo en español. Por ejemplo, la conjunción final "para que":

Me levanté para que tú te <u>pudieras</u> sentar.

En algunos casos, un mismo verbo o una misma conjunción puede regir indicativo o subjuntivo. Se puede ver este fenómeno con el verbo "decir" en los siguientes ejemplos:

Dijo que <u>firmaban</u> el contrato.
Dijo que <u>firmaran</u> el contrato.

Mientras que el indicativo <u>firmaban</u> se utiliza para expresar un hecho (algo que sucedió), el subjuntivo <u>firmaran</u> se utiliza para expresar un mandato; es una acción que no ha sucedido todavía, no es un hecho.

EJERCICIO 14. En los siguientes pares de oraciones, un mismo verbo rige indicativo en a. y subjuntivo en b. Explica la diferencia de significado que existe entre ambas.

a. 1. Pedro insistió en que <u>estaban</u> todos los documentos en la misma carpeta.
    2. Pedro insistió en que <u>estuvieran</u> todos los documentos en la misma carpeta.
b. 1. No sé si <u>voy</u> a ir a la fiesta.
    2. No sé si <u>vaya</u> a ir a la fiesta.
c. 1. No dudo que <u>ha regresado</u> ya del centro.
    2. Dudo que <u>haya regresado</u> ya del centro.

También se puede observar la variación entre indicativo y subjuntivo en combinación con algunas conjunciones, como, por ejemplo, la conjunción temporal "cuando":

Se lo di cuando <u>llegó</u>.
Se lo daré cuando <u>llegue</u>.

<u>Llegó</u>, en modo indicativo, es un hecho; es algo que ya ha sucedido. <u>Llegue</u>, en modo subjuntivo, no ha sucedido todavía, no es una acción real.

EJERCICIO 15. En los siguientes pares de oraciones, una misma conjunción rige indicativo en a. y subjuntivo en b. Explica la diferencia de significado que existe entre ambas.

a. 1. Si los ladrones <u>entraron</u> en la casa, tuvieron que entrar por la ventana.
    2. Si los ladrones <u>entraran</u> en la casa, tendrían que entrar por la ventana.
b. 1. Debería adaptarse al país al que se <u>muda</u>.
    2. Debería adaptarse al país al que se <u>mude</u>.
c. 1. El avión despegó una hora después de que <u>tomamos</u> nuestros asientos.
    2. El avión despegará una hora después de que <u>tomemos</u> nuestros asientos.

4.4.3. El sistema verbal del español: aspecto

La categoría gramatical ASPECTO hace referencia a las diferentes maneras de ver el tiempo interno de una acción. En español se distingue
entre aspecto perfectivo y aspecto imperfectivo a través de las formas
de compré (pretérito) y compraba (imperfecto), respectivamente. Ambas
formas verbales expresan acciones que suceden en el pasado. Sin embargo,
el aspecto perfectivo se centra en el inicio o el final de una acción:

> En 2015 conocí a mi actual pareja.   inicio
> Ayer por la noche entregué el trabajo final de Biología.   final

A diferencia del aspecto perfectivo, el imperfectivo se centra en el
medio de la acción; en una acción que está en desarrollo o que sucede
habitualmente en el pasado:

> Ayer por la tarde, llovía torrencialmente   progresivo
> (=estaba lloviendo)
> A los 15 años, íbamos al cine todos los sába-   habitual
> dos (=solíamos ir)

El imperfecto siempre hace referencia a las fases internas de una
acción o situación. De este modo, generalmente sugiere que, en el medio
de un evento, está teniendo lugar o tuvo lugar otro evento. En otras palabras, el imperfecto no se utiliza, generalmente, de manera aislada, sino
en relación con otro evento o situación que tuvo lugar o estaba teniendo
lugar en ese mismo período de tiempo:

> Cuando llegaste, ella ya se iba.

Además de la diferencia entre perfectivo e imperfectivo, que se expresa
por medio de diferentes morfemas flexivos, en español, se marcan otros
significados aspectuales a través de perífrasis verbales:

a. Progresivo: estar + gerundio: estoy escribiendo una carta.
b. Habitual: soler + infinitivo: suelo cenar a las ocho.
c. Incoativo: empezar + infinitivo: empecé a estudiar árabe.

d. Continuativo: seguir + gerundio: <u>seguimos trabajando</u> hasta muy tarde.

e. Terminativo: dejar de + infinitivo: <u>dejé de fumar</u> hace dos años.

 El aspecto nos sirve para indicar el tiempo interno de la acción. Así se diferencian las acciones perfectivas e imperfectivas. Las perífrasis verbales sirven también para expresar significados aspectuales en español.

<u>EJERCICIO 16.</u> Indica si la diferencia existente entre las formas verbales de cada serie es de tiempo, modo o aspecto, así como qué categoría refleja cada caso, siguiendo el ejemplo.

Dice que <u>viene</u> tarde.   Dice que <u>vendrá</u> tarde.

La diferencia es de tiempo: presente (<u>viene</u>) / futuro (<u>vendrá</u>).

a. 1. Dice que <u>vienes</u> temprano.   2. Quiere que <u>vengas</u> temprano.

b. 1. <u>Comía</u> palomitas todos los domingos.   2. <u>Comió</u> palomitas ayer por la tarde.

c. 1. <u>Saldré</u> cuando llegues.   2. <u>Salgo</u> ahora mismo.

d. 1. Sé que <u>quieres</u> salir.   2. Espero que <u>quieras</u> salir.

e. 1. <u>Dormí</u> toda la noche de un tirón.   2. <u>Dormía</u> toda la noche cuando era joven.

f. 1. Cuando te <u>ibas</u>, recordé su nombre.   2. Cuando te <u>fuiste</u>, recordé su nombre.

g. 1. Quien <u>estudia</u> aprueba.   2. Quien <u>estudie</u> aprobará.

h. 1. Cuando María <u>venga</u>, me habré ido.   2. Si María <u>viniera</u>, me iría.

i. 1. <u>Entregué</u> el informe ayer.   2. <u>Entregaré</u> el informe cuando pueda.

4.5. PROCESOS DE FORMACIÓN DE PALABRAS: DERIVACIÓN, COMPOSICIÓN Y PARASÍNTESIS

La formación de palabras en español se puede realizar por composición, derivación o parasíntesis. En la COMPOSICIÓN, se combinan dos o más raíces:

aguanieve (sustantivo): agua (sustantivo) + nieve (sustantivo)
malgastar (verbo): mal (adverbio) + gastar (verbo)
sabelotodo (adjetivo): sabe (verbo) + lo (pronombre) + todo
(indefinido)

 En la composición de palabras combinamos dos raíces o más en la
misma palabra.

EJERCICIO 17. Identifica la estructura morfológica de los siguientes compuestos e indica a qué tipo de palabra pertenece cada una de las raíces
que los componen.

Ejemplo: hombre rana: hombre (sustantivo) + rana (sustantivo)
= hombre rana (sustantivo)

a. asimismo   c. azulgrana   e. carricoche
b. ciempiés   d. maniatar   f. trabalenguas

En la DERIVACIÓN, se combina una raíz con uno o varios morfemas
derivativos:

cucharada (sustantivo):
    cuchar- + sufijo -ada 'contenedor'
    cuchara (sustantivo) → cucharada (sustantivo)

inutilizar (verbo):
    prefijo in- 'negación' + útil + sufijo -izar 'convertir en'
    útil (adjetivo) → inútil (adjetivo) → inutilizar (verbo)
    (o: útil (adjetivo) → utilizar (verbo) → inutilizar (verbo))

reaccionario (adjetivo):
    prefijo re- 'volver a' + acción + sufijo -ario 'relativo a'
    acción (sustantivo) → reacción (sustantivo) → reaccionario
        (adjetivo)
    (o: acción (sustantivo) → accionario (adjetivo) → reaccionario
        (adjetivo))

En la derivación, combinamos una raíz con uno o varios morfemas derivativos en la misma palabra.

EJERCICIO 18. Busca series de tres palabras en las que aparecen los siguientes sufijos:

a. -ería (palabrería)
b. -azgo (liderazgo)
c. -ístico (formulístico)
d. -eta (cubeta)
e. -ducto (gaseoducto)
f. -ísimo (fortísimo)
g. -ia (eficacia)
h. -nda (componenda)

i. -eño (caraqueño)
j. -áneo (foráneo)
k. -izo (enfermizo)
l. -illa (camilla)
m. -ón (sillón)
n. -és (montañés)
o. -ita (pequeñita)

EJERCICIO 19. Busca tres palabras que comiencen con los siguientes prefijos, además del ejemplo proporcionado.

a. infra- (i.e. infrahumano)
b. trans- (transatlántico)
c. meta- (metafísica)
d. contra- (contracultural)
e. ex (exmarido)
f. pre- (prehistórico)
g. mono- (monocromático)

h. re- (reencontrar)
i. in- (intranquilo)
j. post- (postmoderno)
k. extra- (extraordinario)
l. archi- (archiconocido)
m. vice- (vicedirector)
n. mal- (malhablado)

En el caso de la PARASÍNTESIS, se combinan en una misma palabra los procesos de composición y derivación:

    automovilista (sustantivo):
        auto (sustantivo) + móvil (sustantivo) + sufijo -ista 'profesión'
        automóvil (sustantivo) → automovilista (sustantivo)

En algunos casos, dicha combinación es simultánea:

    sietemesino (adjetivo):
        siete (numeral) + mes (sustantivo) + sufijo -ino 'relativo a'
        no existen *mesino ni *sietemés

En la parasíntesis, existen en una misma palabra tanto procesos de composición como derivación.

Como resultado de estos procesos de formación de palabras, podemos distinguir entre palabras simples, derivadas, compuestas y parasintéticas (véase Table 4.4). Las palabras SIMPLES constan de una única raíz y pueden tener también morfemas flexivos: "lápices", "niño", "Santiago", "cantáramos", "así". Las palabras DERIVADAS constan de una raíz y uno o más morfemas derivativos (prefijos, sufijos o circunfijos): "carcel-ero", "post-moderno", "a-grand-ar". Las palabras COMPUESTAS constan de más de una raíz: "para-aguas", "corre-ve-i-di-le". Las palabras PARASINTÉTICAS constan de dos raíces, una de las cuales está a su vez modificada por un sufijo derivativo: "hispano-americ-ano", "gord-infl-ón".

TABLA 4.4. Procesos de formación de palabras

tipo de palabra	1 raíz	2 + raíces	morfemas derivativos	morfemas flexivos
SIMPLE	✓			✓
COMPUESTA		✓		✓
DERIVADA	✓		✓	✓
PARASINTÉTICA		✓	✓	✓

EJERCICIO 20. Decide si las siguientes palabras son simples, derivadas, compuestas o parasintéticas, y justifica la respuesta, como en el modelo.

Modelo: intrusismo: palabra derivada porque tiene una raíz ("intrus-") y un morfema derivativo (el sufijo "-ismo").

a. aguardiente
b. explicaríamos
c. aniñado
d. altamar
e. antideslizante
f. rojiblanco
g. basurero

h. sinnúmero
i. cortocircuito
j. sordomudez
k. empapelar
l. tranquilo
m. habladuría
n. vividor

EJERCICIO 21. Analiza morfológicamente las siguientes palabras, separando raíces, prefijos y sufijos, como en el modelo.

> Modelo: malencarado:
>> 1. mal-: raíz 'mal'
>> encar-: raíz 'encarar'
>> -ad-: sufijo 'participio'
>> -o: sufijo 'masculino'
>> 2. mal (adverbio) + encarar (verbo) > malencarar (verbo) > malencarado (adjetivo).

a. avioneta	h. odioso	o. incalculable
b. italoamericano	i. deletrear	p. sinvergüenza
c. chaquetero	j. paracaidista	q. indomable
d. malinterpretar	k. desplumar	r. submarino
e. contraterrorista	l. pecera	s. intramuscular
f. mejoría	m. encuadernado	t. zapatilla
g. cremallera	n. pordiosero	

4.6. CLASES DE PALABRAS

En lenguas como el español se pueden distinguir las siguientes clases de palabras:

a. sustantivo	e. verbo
b. adjetivo	f. adverbio
c. determinante	g. preposición
d. pronombre personal	h. conjunción

Las clases de palabras en español son las siguientes: sustantivo, adjetivo, determinante, pronombre personal, verbo, adverbio, preposición y conjunción.

Las fronteras entre las diferentes clases de palabras no son claras sino difusas; es decir, en muchos casos, una palabra puede pertenecer a más de una clase. Por ejemplo, la palabra "alto" es adjetivo en *Vivo en un edificio alto*, pero es adverbio en *La avioneta volaba alto*. A continuación, presentamos algunos criterios lingüísticos que permiten identificar estas clases de palabras. Estos criterios no son siempre condiciones necesarias y suficientes para determinar la categoría de una palabra determinada; cuantos más criterios de una clase cumpla una palabra dada, mayor será su grado de representatividad de la clase. Utilizaremos tres tipos de criterios de clasificación:

a. Morfológicos: palabras invariables / palabras variables. Las palabras variables son las que tienen flexión. Como ya hemos visto, en español tenemos los siguientes tipos de flexión: género (masculino / femenino), número (singular / plural), persona (primera / segunda / tercera), tiempo (anterioridad / simultaneidad / posterioridad), modo (indicativo / subjuntivo), aspecto (perfectivo / imperfectivo) y voz (activa / pasiva).
b. Distribucionales: ¿con qué otras clases de palabras se combinan?, ¿por qué otras clases de palabras se pueden sustituir?
c. Semánticos: ¿qué tipo de significados suelen implicar?

Para distinguir clases de palabras, podemos usar criterios morfológicos (invariables / variables), criterios distribucionales (posibilidades de combinación y sustitución) y criterios semánticos (qué significan).

4.6.1. Sustantivo

Criterios morfológicos: los sustantivos son palabras variables en cuanto a género y número.

Género:
    Aquel <u>chico</u> tiene una herida en la frente.
    Aquella <u>chica</u> tiene una herida en la frente.

Número:
    Aquel <u>chico</u> tiene una herida en la frente.
    Aquellos <u>chicos</u> tienen una herida en la frente.

El sustantivo es variable en género y número; se combina con determinantes y suele designar entidades, objetos o sustancias.

La mayoría de los sustantivos del español tienen solamente una concordancia de género ("la mesa", "el cuaderno"). Algunos sustantivos que hacen referencia a personas o animales pueden presentar dos concordancias de género ("chico-chica", "gato-gata"). El número del sustantivo está determinado, generalmente, por el número de objetos al que se hace referencia.

Criterios distribucionales: el sustantivo se combina con artículos (el/la/los/las), demostrativos (este/ese/aquel), posesivos (mi, tu, su, nuestro) e indefinidos (un, ningún, algún). El sustantivo concuerda en género y número con estos elementos (llamados DETERMINANTES).

> La chica tiene una herida en la frente.
> Esta chica tiene una herida en la frente.
> Tu chica tiene una herida en la frente.
> Una chica tiene una herida en la frente.

Criterios semánticos: los sustantivos prototípicos designan entidades ("persona", "empresa", "caballo"), objetos ("silla", "mesa", "abrigo") y sustancias ("agua", "leche", "vino").

4.6.2. Adjetivo
Criterios morfológicos: los adjetivos son palabras variables en cuanto a género y número.

Género:
> El pariente de Juan es alto.
> La casa era alta.

Número:
> El estante es alto.
> Los estantes son altos.

A diferencia de los sustantivos, el género y el número de los adjetivos está determinado por el género y el número del sustantivo al que acompañan o hacen referencia (pariente alto, parientes altos).

Al contrario que en español, el adjetivo es invariable en inglés (*Juan is tall* / *María is tall* / *Juan and Pedro are tall* / *María and Luisa are tall*).

 El adjetivo es variable en género y número, acompaña a sustantivos, se puede graduar y suele designar cualidades y propiedades.

Criterios distribucionales: los adjetivos generalmente modifican al sustantivo. Además, también se caracterizan por poder aparecer en grado comparativo (menos ... que, tan ... como, más ... que) y superlativo (muy ..., -ísimo):

> Tráeme la <u>caja pequeña</u>.
> María es <u>menos alta que</u> Juan.
> María es <u>tan alta como</u> Juan.
> María es <u>más alta que</u> Juan.
> María es <u>muy alta</u>.
> María es <u>altísima</u>.

Criterios semánticos: los adjetivos (proto)típicos designan cualidades y propiedades.

EJERCICIO 22. Indica si los elementos subrayados en los siguientes ejemplos son sustantivos o adjetivos.

a. Dos <u>estudiantes</u> llegaron tarde a clase.
b. Me compré una impresora muy <u>cara</u>, pero no funciona bien.
c. El rectángulo es una figura <u>geométrica</u> con cuatro <u>lados</u>.
d. El <u>presidente</u> del Tíbet es un líder carismático.
e. Los verdaderos amigos se ven en las situaciones <u>difíciles</u>.
f. Las amistades trabadas entre <u>copas</u> la mayor parte de las veces son de vidrio.
g. El furor de la ira es <u>breve</u>.
h. Las raíces del estudio son <u>amargas</u>; sus frutos, dulces.
i. Nadie es feliz ante su <u>muerte</u>.
j. Ojo por ojo, diente por <u>diente</u>, y al final todos ciegos.

4.6.3. Determinante

Criterios morfológicos: los determinantes varían en cuanto a género (masculino vs. femenino) y número (singular vs. plural) dependiendo del género y número del sustantivo al que acompañan:

> El/Este/Nuestro/Un *chico* tiene una herida en la frente.
> La/Esta/Nuestra/Una *chica* tiene una herida en la frente.
> Los/Estos/Nuestros/Unos *chicos* tienen una herida en la frente.
> Las/Estas/Nuestras/Unas *chicas* tiene una herida en la frente.

El determinante varía en género y número según el sustantivo que acompaña e indica identificación, posesión, espacio, cantidad o interrogación.

Criterios distribucionales: los determinantes acompañan al sustantivo. En este contexto, se asemejan a los adjetivos:

> Aquel *año* hubo mucha *sequía*.
> Llegaron tres *jóvenes* en un *coche* muy grande.
> Ninguna *casa* de esta *ciudad* tiene ese *nombre*.

Criterios semánticos: dentro de la clase de palabra determinante, se agrupan una serie de significados bastante heterogéneos entre los que se incluyen los siguientes:

a. Identificación: se expresa a través de los ARTÍCULOS el, la, los, las
b. Posesión: se expresa a través de los POSESIVOS mi, tu, su, nuestro, mío, tuyo, suyo
c. Localización: se expresa a través de los DEMOSTRATIVOS este, ese, aquel
d. Cantidad: se expresa a través de los INDEFINIDOS un, algún, varios, bastante, mucho, ningún, etc., y los NUMERALES, tanto cardinales (uno, dos, tres, cuatro . . .) como ordinales (primero, segundo, tercero, cuarto . . .)
e. Interrogación/exclamación: se expresa a través de los INTERROGATIVOS qué, quién, cuándo, cómo . . .

EJERCICIO 23. Identifica los determinantes de las siguientes oraciones e indica a qué tipo pertenecen.

a. Llegaron treinta y un barcos franceses al puerto esta mañana.
b. Nunca encuentro mis llaves.
c. Estamos buscando un hablante de quechua para poder interpretar esas inscripciones.
d. Nos vendieron algunas piezas deterioradas las primeras veces.
e. ¿Qué tipo de películas prefieres?

EJERCICIO 24. Considera la siguiente oración:
Los viajes al Caribe saldrán más baratos este verano.
    Ten en cuenta los siguientes determinantes:

ambos	muchos	todos
dos	otros	tus
estos	primeros	

Si estos determinantes acompañan al nombre "viajes", ¿cuáles aparecerían antes del artículo "los"?, ¿cuáles aparecerían en lugar del artículo "los"?, ¿cuáles aparecerían después del artículo "los"?

4.6.4. Pronombre personal

Criterios morfológicos: el pronombre personal es una clase de palabra variable en cuanto al género (masculino / femenino), número (singular / plural), persona (primera / segunda / tercera), función sintáctica (sujeto, objeto directo, objeto indirecto, complemento preposicional) y reflexividad (reflexivo/no reflexivo).

Género:
    Él vino ayer.
    Ella vino ayer.

Número:
    Él vino ayer.
    Ellos vinieron ayer.

Persona:
> Yo vine ayer.
> Tú viniste ayer.
> Él vino ayer.

Función sintáctica:
> sujeto: Él pidió prestado un reloj a Juan para su hijo.
> objeto directo: David se lo pidió prestado a Juan para su hijo.
> objeto indirecto: David le pidió prestado un reloj para su hijo.
> término de preposición: David pidió prestado un reloj a Juan para él.

Reflexividad:
> David lo cortó.
> David se cortó.

 El pronombre personal varía en género, número, persona y función sintáctica. Puede ser reflexivo; también puede sustituir al sustantivo y se combina con verbos.

En la tabla 4.5, aparecen las formas del pronombre personal de primera persona del español.

TABLA 4.5. Pronombres personales de primera persona

		SINGULAR	PLURAL	
			MASCULINO	FEMENINO
SUJETO		yo	nosotros	nosotras
OBJETO DIRECTO	NO REFLEXIVO	me	nos	
	REFLEXIVO			
OBJETO INDIRECTO	NO REFLEXIVO			
	REFLEXIVO			
TÉRMINO DE PREPOSICIÓN	NO REFLEXIVO	mí	nosotros	nosotras
	REFLEXIVO			

Como se puede ver en esta tabla, algunas formas pronominales ocupan más de una casilla. Por ejemplo, la forma "me" es objeto directo no reflexivo (*Julio me afeitó*), objeto directo reflexivo (*Yo me afeité*), objeto indirecto no reflexivo (*Me compraron un regalo*) y objeto indirecto reflexivo (*Me compré un regalo*). Además, en función de término de preposición, la forma pronominal de primera persona de singular aparece unida a la preposición "con": "conmigo" (frente a "con nosotros", "con nosotras").

En la tabla 4.6, se pueden ver las formas pronominales de la segunda persona. Al igual que sucede en la primera persona, algunas formas (p. ej. "te") ocupan también más de una casilla. De hecho, tanto la primera como la segunda persona utilizan la misma forma para objeto directo no reflexivo (*Julio te afeitó*), objeto directo reflexivo (*Te afeitaste*), objeto indirecto no reflexivo (*Te compraron un regalo*) y objeto indirecto reflexivo (*Te compraste un regalo*). Al igual que sucede con la primera persona de singular, en función de término de preposición, el pronombre de segunda persona de singular aparece unido a la preposición "con": "contigo". Además, en algunas variedades del español (por ejemplo, el español de Argentina y Uruguay), se utiliza la forma "vos" en lugar de "tú". La forma "vos" aparece tanto en función de sujeto como en función de término de preposición. Las formas de objeto directo e indirecto son las mismas que las de "tú".

TABLA 4.6. Pronombres personales de segunda persona

		SINGULAR
SUJETO		*tú*
OBJETO DIRECTO	NO REFLEXIVO	*te*
	REFLEXIVO	
OBJETO INDIRECTO	NO REFLEXIVO	
	REFLEXIVO	
TÉRMINO DE PREPOSICIÓN	NO REFLEXIVO	*ti*
	REFLEXIVO	

Las formas de tratamiento formal "usted" (segunda persona de singular formal) y "ustedes" (segunda persona de plural) se utilizan en función de sujeto y de término de preposición. Las formas de objeto directo e indirecto coinciden con las de los pronombres de tercera persona. En España, existe una forma de segunda persona de plural informal: "vosotros/vosotras". Estas formas se usan tanto para el sujeto como para el término de preposición. En función de objeto directo e indirecto (tanto reflexivo como no reflexivo), se usa la forma "os".

La tercera es la persona que presenta más formas pronominales diferentes. Como se puede ver en la tabla 4.7, se utilizan pronombres distintos para el objeto directo e indirecto, y también para las formas no reflexivas y reflexivas. La reflexiva es la misma para el objeto directo e indirecto en todos los géneros y números: "se". En la función de término de preposición, el pronombre reflexivo de tercera persona aparece unido a la preposición "con": "consigo" (frente a "con él", "con ella"). Las formas "se", "sí", "consigo" son los únicos pronombres que siempre son reflexivos. El "se" reflexivo no debe de confundirse con el "se" que aparece combinado con una forma de objeto:

le dio un libro
*le lo dio
Se lo dio

TABLA 4.7. Pronombres personales de tercera persona

		SINGULAR		PLURAL	
		MASCULINO	FEMENINO	MASCULINO	FEMENINO
SUJETO		*él*	*ella*	*ellos*	*ellas*
OBJETO DIRECTO	NO REFLEXIVO	*lo*	*la*	*los*	*las*
	REFLEXIVO	*se*			
OBJETO INDIRECTO	NO REFLEXIVO	*le*		*les*	
	REFLEXIVO	*se*			
TÉRMINO DE PREPOSICIÓN	NO REFLEXIVO	*él*	*ella*	*ellos*	*ellas*
	REFLEXIVO	*sí*			

Existe una serie de pronombres tónicos y otra de pronombres átonos (o clíticos).

Además, para todas las personas (primera, segunda y tercera), distinguimos entre pronombres tónicos y pronombres átonos (o CLÍTICOS). Los pronombres tónicos pueden aparecer por sí solos (sin un verbo) y reciben prominencia acentual. Los pronombres en función de sujeto y de objeto preposicional son tónicos:

A: '¿Quién es?'
B: 'Yo'

Los pronombres clíticos aparecen siempre acompañados por un verbo y son fónicamente átonos (es decir, no reciben prominencia acentual). Los pronombres de objeto directo e indirecto son átonos:

No me lo dijo

Criterios distribucionales. El pronombre personal sustituye al nombre y se combina con verbos:

Juan compró *flores* para *Ana* → Él las compró para ella.

EJERCICIO 25. Teniendo en cuenta la información que aparece en las tablas 4.5, 4.6 y 4.7, analiza los pronombres personales que aparecen en las siguientes oraciones en lo que respecta a las siguientes categorías: persona, número, género (si es relevante), función sintáctica y reflexividad.

Modelo:
Me quemé las manos cuando trabajé con ella.
me: primera persona, singular, objeto indirecto, reflexivo.
ella: tercera persona singular femenino, término de preposición, no reflexivo.

a. Ustedes nunca han trabajado para él.
b. A mí me molesta mucho su actitud.
c. Juan se lo recordó varias veces la semana pasada.

d. Los hermanos menores de Gonzalo se cortaron con un cuchillo.
e. Cuando llega a casa, está tan cansada que no puede consigo.

Además de determinantes (vid. §4.6.3), los posesivos, demostrativos, indefinidos, numerales, interrogativos y exclamativos pueden también ser pronombres cuando sustituyen a un nombre. En estos casos, estos elementos toman el género y el número del nombre al que hacen referencia y se combinan con verbos:

Mis *hijos* tienen diferentes talentos, pero <u>todos</u> se ganan la vida.
Hablé con varias *personas* y <u>nadie</u> fue capaz de explicarme la situación.
Este *coche* es <u>nuestro</u>.
Puede ir por cualquiera de las dos *calles*. Por <u>esta</u> es más rápido que por <u>aquella</u>.

Los indefinidos "alguien", "nadie" y "nada" son siempre pronombres:

Hablé con varias personas y <u>nadie</u> fue capaz de explicarme la situación.
¿<u>Alguien</u> sabe cómo se enciende una hoguera?

4.6.5. Verbo

Criterios morfológicos: el verbo es una palabra variable en cuanto a temporalidad (anterioridad vs. simultaneidad vs. posterioridad), modo (indicativo vs. subjuntivo), aspecto (imperfectivo vs. perfectivo), voz (activa vs. media vs. pasiva). También varía en cuanto a persona (primera vs. segunda vs. tercera) y número (singular vs. plural), dependiendo del sujeto con el que se combina.

Tiempo:
Juan <u>cortó</u> ayer el árbol.
Juan <u>corta</u> ahora el árbol.
Juan <u>cortará</u> mañana el árbol.

Modo:

> Juan <u>corta</u> hoy el árbol.
> Ojalá Juan <u>corte</u> hoy el árbol.

Aspecto:

> Juan <u>cortaba</u> árboles todos los veranos.
> Juan <u>cortó</u> el árbol hace dos semanas.

Voz:

> Juan <u>cortó</u> el árbol hace dos semanas.
> <u>Se cortaron</u> muchos árboles.
> El árbol <u>fue cortado</u> por Juan hace dos semanas.

Persona:

> Yo <u>corté</u> el árbol.
> Tú <u>cortaste</u> el árbol.
> Elvira <u>cortó</u> el árbol.

Número:

> Elvira <u>cortó</u> el árbol.
> Sus amigas <u>cortaron</u> el árbol.

 El verbo es palabra variable en tiempo, modo, aspecto y voz, y concuerda en persona y número con el sujeto; se combina con el pronombre y suele designar acciones.

Criterios distribucionales: el verbo se combina con el pronombre. Como hemos visto en la sección anterior, los pronombres de objeto directo e indirecto son clíticos; es decir, estas formas aparecen siempre antes o después de una forma verbal. Los pronombres en función de sujeto también se combinan con el verbo:

> <u>Le corté</u> el árbol que tenía en la entrada de la casa.
> <u>Se cortó</u> con una piedra.
> <u>Córtalo</u> de un golpe.
> <u>Ella es</u> muy buena directora y <u>yo soy</u> muy buen actor.

Criterios semánticos: los verbos (proto)típicos designan acciones.

4.6.6. Adverbio

Criterios morfológicos: el adverbio es una palabra invariable. Es decir, su forma no cambia en función de la concordancia sintáctica con los sustantivos, adjetivos o artículos existentes en la cláusula.

> El chico vive <u>bien</u>.
> La chica vive <u>bien</u>.
> Los chicos viven <u>bien</u>.
> Las chicas viven <u>bien</u>.

El adverbio es una palabra invariable y suele modificar al verbo (a veces a un adjetivo o a otro adverbio).

Criterios distribucionales: el adverbio generalmente modifica al verbo. Algunos adverbios (p. ej., aquellos que expresan cantidad) pueden también modificar al adjetivo o a otro adverbio:

> Su actitud me <u>molesta bastante</u>.
> Juan estaba <u>bastante cansado</u>.
> El trabajo está <u>bastante bien</u>.

EJERCICIO 26. Considera los siguientes pares de oraciones:
a. 1. Estos libros cuestan muy <u>baratos</u>.
    2. Estos libros cuestan muy <u>barato</u>.
b. 1. Su actitud me molesta <u>mucho</u>.
    2. Juan no tiene <u>mucho</u> dinero.

En cada par de oraciones, la palabra subrayada es un adverbio en una de ellas mientras que en la otra pertenece a otra clase de palabra. ¿En qué oración es la palabra subrayada un adverbio? ¿A qué clase de palabra pertenece en la otra oración? Justifica las respuestas.

4.6.7. Preposición

Criterios morfológicos: la preposición es una palabra invariable y, por lo tanto, su forma no cambia en función de las palabras que forman parte de la misma secuencia. Las preposiciones son, generalmente, palabras átonas.

Criterios distribucionales: las preposiciones se utilizan para establecer una relación de dependencia o subordinación entre dos elementos: el término de la preposición y otra unidad. El término de la preposición es un nombre (p. ej., "Denver") o una frase nominal (véase § 5.2), es decir, un nombre acompañado de determinantes ("la ciudad") o modificadores ("la ciudad amurallada"). La otra unidad es, generalmente, un verbo, un sustantivo o un adjetivo, como se puede observar en los siguientes ejemplos:

a. Salieron de Denver ayer.
b. Hicieron muchas fotografías de los rascacielos de Denver.
c. Estoy un poco cansado de Denver.

En estas oraciones, la preposición "de" establece una relación de dependencia entre su término (el sustantivo "Denver") y la palabra que precede a la preposición. La función de la preposición y su término varía dependiendo de la palabra que los precede. En a., "de Denver" es un complemento del verbo "salir" que indica origen; en b., es un modificador del sustantivo "rascacielos", cuyo significado es 'pertenencia' o 'posesión' y en c. es un modificador del adjetivo "cansado" y se asocia con un valor causal.

 La preposición es una palabra invariable y sirve para relacionar un sustantivo con otra palabra.

Si el complemento de la preposición es un pronombre personal, dicho pronombre toma la forma que se asocia con la función sintáctica de término de preposición:

Trajo un helado <u>para mí</u>.
Trajo un helado <u>para ti</u>.
Trajo un helado <u>para él/ella</u>.
Trajo un helado <u>para nosotros/nosotras</u>.
Trajo un helado <u>para ustedes</u>.
Trajo un helado <u>para ellos/ellas</u>.

4.6.8. Conjunción

Criterios morfológicos: como la preposición, la conjunción es una palabra invariable, de modo que no se diferencia formalmente según las palabras que la acompañan. Las conjunciones son también palabras átonas normalmente.

 Las conjunciones son invariables y sirven para unir unidades (palabras, frases, oraciones) de la misma clase.

Criterios distribucionales: las conjunciones actúan como nexos entre las palabras. Distinguimos dos tipos de conjunciones:

a. conjunciones coordinantes: unen elementos (palabras, frases y oraciones) de la misma categoría:

> Juan y María fueron al cine ("y" une "Juan" y "María": dos sustantivos).
> María lavó los platos y los vasos ("y" une "los platos" y "los vasos": dos frases nominales).
> Rosa recogió la mesa y Antonio fregó los platos ("y" une "recogió" y "fregó": dos verbos/oraciones).

b. conjunciones subordinantes: unen verbos (oraciones):

> Me dijo que María no venía hoy ("que" une "dijo" y "venía").
> Llamé a mi hermana porque no sabía qué hacer ("porque" une "llamé" y "sabía").
> Cuando llegues a casa, enciende la tele ("cuando" une "llegues" y "enciende").

Las conjunciones subordinantes van siempre con el primer verbo que aparece después (p. ej., "que" va con "venía", "porque" va con "sabía" y "cuando" va con "llegues"). De este modo, las oraciones (*María no venía hoy, no sabía que hacer, llegues a casa*) que aparecen después de estas conjunciones son oraciones subordinadas. La tabla 4.8 incluye una relación de las clases de palabras que hemos visto en esta sección, así como un resumen de cómo identificar cada una de ellas.

TABLA 4.8. Clases de palabras

TIPO DE PALABRA	¿VARIABLE O INVARIABLE?	¿CON QUÉ PALABRA SE COMBINA?	¿QUÉ SIGNIFICADOS INDICA?
SUSTANTIVO	género y número	determinante	entidades, objetos y sustancias
ADJETIVO	género y número	sustantivo	cualidades y propiedades
VERBO	tiempo, modo, aspecto, voz, número y persona	pronombre	acciones
DETERMINANTE	género y número	sustantivo	identificación, posesión, espacio, cantidad, etc.
PRONOMBRE	género, número, persona, función sintáctica y reflexividad	verbo	
ADVERBIO	invariable	verbo adjetivo y adverbio	
PREPOSICIÓN	invariable	une nombres con otras palabras	
CONJUNCIÓN	invariable	coordinante: une palabras con la misma categoría subordinante: une verbos	

EJERCICIO 27. Identifica las preposiciones y las conjunciones que aparecen en las siguientes oraciones. En el caso de las conjunciones, indica si son coordinantes o subordinantes. Justifica la respuesta.
a. Puedes elegir hacer una tesis o un examen.
b. Me llamaron antes de las ocho.
c. Siempre te apoya en tus proyectos, aunque tú no lo creas.
d. Me dijo que lo avisaras antes de que se vayan de la fiesta.
e. Tomaré sopa en lugar de ensalada.
f. No trajo bañador ni toalla.

EJERCICIO 28. A veces, no se puede decir a qué clase pertenece una palabra con solo mirarla. Una misma palabra puede pertenecer a más de una clase dependiendo de cómo "se comporte" dentro de una oración. Un buen ejemplo de ellos es "bajo". Indica cuál es la clase a la que pertenece "bajo" en las siguientes oraciones. Justifica la respuesta.
a. He comprado un silloncito bajo.
b. El gato estaba bajo la mesa.
c. Ve saliendo tú; yo bajo enseguida.
d. Compramos un bajo pequeño en el centro de la ciudad.

EJERCICIO 29. ¿A cuántas clases de palabras diferentes pertenece "round" en inglés? Justifica tu respuesta con ejemplos.

EJERCICIO 30. En el siguiente texto, indica a qué clase de palabras pertenece cada una de las palabras subrayadas.

Antes no me gustaba el mes de septiembre. Se me hacía muy largo. Las clases no empezaban hasta la primera semana de octubre; los veraneantes se habían marchado a finales de agosto y ya no hacía bastante calor para ir a la playa. Los días de mercado bajaba al centro del pueblo y me encontraba con mis amigos de toda la vida. Casi nunca comprábamos nada, pero igualmente pasábamos varias horas de puesto en puesto, viendo la mercancía que ofrecían y escuchando a la gente regatear. Si salía el sol, íbamos a comprar helados y nos sentábamos en los bancos del parque a hablar:

—¿Por qué no vino Jorge hoy?
—Porque está castigado.

—¿Se ha vuelto a pelear con sus padres?

—Sí. Me dijo que te iba a llamar para contártelo.

—Pues no. No hemos hablado desde la última vez que nos vimos en la
playa.

APLICA TUS CONOCIMIENTOS: PROBLEMAS LINGÜÍSTICOS

PROBLEMA 1. En los libros de español como segunda lengua, se dice a
veces que hay algunos verbos que cambian de significado según se uti-
licen en pretérito o en imperfecto. Observa la tabla siguiente. ¿Cómo
podríamos explicar estas diferencias sin recurrir al inglés? Ten en cuenta
la descripción de la categoría aspecto que se desarrolla en las páginas
anteriores:

TABLA 4.9. El significado de algunas formas aspectuales

VERBO	PRETÉRITO	IMPERFECTO
saber	'found out, began to know' Supieron la noticia ayer	'knew' Sabían la noticia
conocer	'met, made one's acquaintance' Conocí a tu hermana el año pasado	'knew' Ya conocía a tuhermana
no querer	'refused' No quise hacerlo	'did not want' No quería hacerlo
poder	'managed' Pudo entrar en la casa	'could, was capable of' Podía entrar en la casa
tener que	'had to and did' Tuvieron que estudiar mucho	'supposed to do it but …' Tenían que estudiar mucho

PROBLEMA 2. Cuando dos lenguas están en contacto, un fenómeno frecuente es el préstamo: es decir, una de las lenguas comienza a utilizar
palabras de la otra lengua y viceversa. En cada una de las siguientes
oraciones hay un préstamo del inglés que aparece en el español de los
Estados Unidos. Indica a qué clase de palabras pertenece. Determina el

grado de integración gramatical del préstamo en el español teniendo en cuenta cuántas características morfológicas y distribucionales comparte con la clase de palabra a la que pertenece:

a. Van a salir a la calle después de que <u>mopeen</u> la cocina.
b. Las clases de este semestre son mucho más <u>cul</u> que las del semestre pasado.
c. Voy a ocupar la <u>troca</u> para hacer todos estos mandados.
d. Este mes no me llegan los chavos para pagar los <u>biles.</u>

PROBLEMA 3. Para indicar un evento anterior al momento del habla, el español dispone de dos formas verbales: pretérito ("compré") y presente perfecto ("he comprado"). Resulta difícil determinar en qué contextos se utiliza cada una de estas formas, dado que existe mucha variación dialectal. En términos generales, podemos decir que el uso de "he comprado" está más extendido en variedades del español peninsular que en variedades del español latinoamericano. Los siguientes pares de ejemplos, tomados de Schwenter (1994), son del español de Alicante (España); en uno de los ejemplos, se utiliza la forma "he comprado", mientras que en el otro se utiliza la forma "compré". ¿Qué factor crees que determina que el hablante utilice una u otra forma?

a. Mi hermana ha cocinado esta tarde.
   Mi madre cocinó el otro día.
b. A las doce han pasado el desfile.
   El lunes pasaron el desfile.
c. Os hemos llamado hace unas horas.
   Os llamamos hace una semana.

PROBLEMA 4. Compara los sustantivos de la columna de la izquierda con los sustantivos de la columna de la derecha. ¿Cuál es el género de "agua" y "águila" en español? ¿Por qué "ayuda" y "altura" se combinan con "la" y "agua", y "águila" se combinan con "el"? ¿Cómo podemos explicar la presencia de "el" con estos sustantivos?

ayuda necesaria		agua clara
esta ayuda			esta agua
la ayuda			el agua
altura mínima		águila blanca

esta altura   esta águila
la altura   el águila

PROBLEMA 5. Observa el uso de los pronombres personales que aparecen en los siguientes grupos de oraciones y compáralos con sus equivalentes en el español estándar. Para ello, ten en cuenta cómo se manifiestan las categorías de género, número y función sintáctica. ¿Qué diferencias observas en el uso de los pronombres en estas oraciones?

A

(A Juan) le quiero mucho.
(Mi coche) lo tengo en el taller.
(A María) la quiero mucho.
(A Juan) le dije la verdad.
(A María) le dije la verdad.

B

(A Juan) le quiero mucho.
(Mi coche) le tengo en el taller.
(A María) la quiero mucho.
(A Juan) le dije la verdad.
(A María) la dije la verdad.

Este problema ejemplifica dos fenómenos dialectales relacionados con los pronombres clíticos: leísmo y laísmo. Averigua en qué consisten y qué variedades del español surgen estos fenómenos.

PARA SABER MÁS

Para una visión interlingüística y tipológica de la disciplina, véanse Matthews (1991) y Haspelmath (2010). Si te interesa profundizar en algún aspecto concreto del capítulo, un buen recurso es Gutiérrez-Rexach, ed. (2016). En este trabajo, se dedican capítulos independientes a cada uno de los siguientes conceptos que hemos tratado en este capítulo de manera más o menos sucinta: adjetivo, adverbio, aspecto, aumentativos y diminutivos, clíticos, comparativos y superlativos, composición, conjunciones, cuantificación, demostrativos, derivación morfológica, determinantes y artículos, flexión verbal, género y número, imperativo, morfemas y alomorfos, prefijos y sufijos, preposiciones, pronombres personales, subjuntivo, sustantivo, tiempo gramatical, verbos auxiliares y verbos modales. Bosque (2015) ofrece un excelente estudio sobre la tipología de palabras en español en el que se hace hincapié en las fronteras difusas entre los diferentes tipos. Para un análisis pormenorizado de cada uno de los temas que aparecen en este capítulo, véanse los capítulos de Bosque y Demonte

(1999). El volumen 1 está dedicado al completo a las clases de palabras. El concepto de morfema, su tipología y los procesos de formación de palabras aparecen descritos en la quinta parte del trabajo (volumen 3). Para las categorías de tiempo, modo y aspecto, véanse los capítulos que se incluyen en la tercera parte (volumen 3).

Sintaxis

OBJETIVOS

- Identificar las unidades sintácticas y su tipología teniendo en cuenta qué elementos son obligatorios y cuáles son optativos en su estructura interna
- Identificar las funciones sintácticas, tanto al nivel de la frase como al nivel de la oración, según sus características gramaticales y semánticas
- Distinguir entre unidades y funciones sintácticas
- Analizar sintácticamente las frases y oraciones, identificando las unidades y las funciones que las componen
- Distinguir los principales tipos de oraciones a través de la identificación de las funciones sintácticas que los caracterizan

La sintaxis estudia la estructura de las unidades superiores a la palabra (frases y oraciones) y las relaciones que se establecen entre estas unidades. En el presente capítulo, trataremos los tipos de frases y su estructura, además de las funciones que desempeñan las unidades que componen dichas frases. Estudiaremos cómo se combinan las palabras y las frases para formar oraciones. Describiremos la estructura de las oraciones utilizando el verbo como elemento central y determinante de los patrones sintácticos que encontramos en el nivel de la oración.

 La sintaxis estudia la estructura de las frases y las oraciones.

La palabra es la unidad mínima del análisis sintáctico. El estudio de la estructura interna de las palabras le corresponde a la morfología y no a la sintaxis, tal como hemos visto en el capítulo anterior, en el cual también estudiamos los tipos de palabras (sustantivo, adjetivo, determinante, pronombre, verbo, adverbio, preposición y conjunción). En este capítulo, vamos a centrarnos en las palabras teniendo en cuenta cómo se combinan para crear unidades jerárquicamente superiores (frases, oraciones) y las relaciones que surgen de dichas combinaciones.

5.1. CUESTIONES GENERALES

Al acometer un análisis sintáctico, identificamos qué unidades aparecen en una secuencia de palabras y qué relaciones se establecen entre dichas unidades. Cuando analizamos una unidad sintáctica, determinamos su estructura al segmentar dicha unidad en unidades más pequeñas. Las unidades sintácticas son las siguientes:

a. oración
b. frase
c. palabra

La oración es la unidad más alta del análisis sintáctico y la palabra la más baja.

En el análisis sintáctico identificaremos qué unidades aparecen en la secuencia, así como las relaciones que se establecen entre ellas. Las unidades sintácticas son oración, frase y palabra.

Además de estudiar la estructura interna de las unidades sintácticas, la sintaxis también se encarga de estudiar las relaciones que se establecen entre las unidades que componen una secuencia. Un tipo de relación que se establece entre las unidades es la FUNCIÓN. Si consideramos una lista de palabras como la siguiente:

a   dinero   Elisa   entregó   le   Luis

podríamos formar, entre otras, estas dos oraciones:

Elisa le entregó dinero a Luis
Luis le entregó dinero a Elisa

El significado de estas oraciones es diferente porque las relaciones que se establecen entre las unidades que las componen son diferentes. En la primera oración, Elisa es la persona que entrega el dinero mientras que Luis es la persona que recibe el dinero; sin embargo, en la segunda oración, tenemos la situación contraria: Luis es el que entrega el dinero y Elisa es la receptora de ese dinero. Estas diferencias de significado se manifiestan en la estructura de la oración a través de diferentes recursos:

a. La posición que ocupan "Elisa" y "Luis" con respecto al verbo.
b. El uso de la preposición "a" delante de Elisa o Luis.
c. La concordancia con el verbo ("entregó") y con el pronombre "le".

Estas oraciones son diferentes debido a que las relaciones entre los elementos cambian dependiendo de la manera en que se combinen. Cada uno de estos elementos realiza una función diferente dentro de la oración en la que se incluye. Por ejemplo, en a., "Elisa" es el SUJETO de la oración, mientras que, en b., "a Elisa" funciona de OBJETO INDIRECTO de "entregó".

EJERCICIO 1. Ténganse en cuenta las siguientes unidades:

| a | el | Juan | vecino |
| de | hermano | un | visitó |

¿Cuántas oraciones diferentes podemos formar con estas unidades?

Las funciones son siempre relacionales; es decir, son funciones dentro de una unidad o en relación con alguno de los elementos que componen dicha unidad. Por ejemplo, en la oración *Elisa le entregó dinero a Luis*, podemos decir que "Elisa" es el SUJETO de la oración o que "Elisa" es el SUJETO del verbo "entregó".

En el análisis sintáctico, siempre nos hacemos alternativamente dos preguntas:
a. ¿a qué tipo de unidad pertenece la secuencia?
b. ¿qué función tiene cada elemento de esa unidad?

Cuando hacemos análisis sintáctico, desarticulamos una unidad, dando todos los pasos necesarios para llegar a la palabra, unidad mínima de la sintaxis. Para ello, debemos identificar en cada paso del análisis lo siguiente:

a. tipo de unidad
b. FUNCIÓN de cada uno de los elementos que constituyen dicha unidad

Vamos a utilizar la representación arbórea para hacer los análisis. Los tipos de unidad aparecen en letras minúsculas y las funciones aparecerán en versalitas. Nuestro análisis siempre comenzará con una unidad seguida de FUNCIÓN seguida de unidad, FUNCIÓN, unidad, FUNCIÓN... y terminará con una unidad (un tipo de palabra). Veamos en la figura 5.1 cómo sería el análisis sintáctico de la secuencia *Alfredo entregó chocolate a los invitados*:

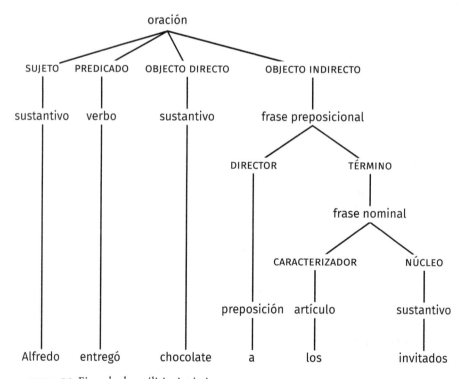

FIGURA 5.1. Ejemplo de análisis sintáctico

5.2. LA FRASE

La FRASE, también llamada "(el) sintagma" en algunos modelos teóricos, es un tipo de unidad formada por dos o más palabras que cumplen una sola función sintáctica en la oración. Frente a las oraciones, las frases se caracterizan por no tener verbo. Por ejemplo, en la oración *Juan compró los cuentos infantiles,* podemos identificar tres funciones sintácticas: SUJETO, PREDICADO y OBJETO DIRECTO. El SUJETO está desempeñado por una palabra (el sustantivo "Juan"). Otra palabra, el verbo "compró", funciona como PREDICADO. Sin embargo, en función de OBJETO DIRECTO, tenemos más de una palabra: "los cuentos infantiles". Este conjunto de palabras constituye una frase.

 La frase es una unidad de dos o más palabras que cumple una única función sintáctica.

La unidad frase posee dos posibles estructuras: estructura endocéntrica y estructura exocéntrica. Una estructura endocéntrica es aquella en la que existe un elemento obligatorio/constante y uno o más elementos opcionales/variables:

CONSTANTE + (VARIABLE$_1$) + (VARIABLE$_2$) + (VARIABLE$_3$) ...

Los elementos variables pueden aparecer antes o después del elemento constante. Este puede realizar la misma función que toda la construcción. En el ejemplo anterior ("los cuentos infantiles"), "cuentos" es el elemento constante porque puede aparecer solo funcionando de OBJETO DIRECTO y "los" e "infantiles" son los elementos variables:

Juan compró los cuentos infantiles
Juan compró cuentos
*Juan compró los
*Juan compró infantiles

La frase también puede tener una estructura exocéntrica, es decir, una estructura en la que existen dos elementos obligatorios:

CONSTANTE + CONSTANTE

Ninguno de los dos elementos se puede eliminar. Por ejemplo, en la oración *Ayer hablaron de cine*, "de cine" es una frase que funciona de OBJETO PREPOSICIONAL del verbo "hablar". En esta frase, tanto "de" como "cine" son dos elementos constantes:

Ayer hablaron de cine
*Ayer hablaron de
*Ayer hablaron cine

 Hay frases exocéntricas (con dos elementos obligatorios) y frases endocéntricas (con un elemento obligatorio y uno/varios opcional/es).

5.2.1. La frase como estructura endocéntrica

Cuando la frase es una estructura endocéntrica, el elemento constante/obligatorio funciona como NÚCLEO de la frase. Los elementos optativos/variables pueden funcionar como CARACTERIZADORES o MODIFICADORES. Los CARACTERIZADORES preceden al núcleo, mientras que los MODIFICADORES pueden preceder o seguir al núcleo. La estructura de una frase endocéntrica es la siguiente:

(CARACTERIZADOR) + (MODIFICADOR) + NÚCLEO + (MODIFICADOR)

 Las frases endocéntricas tienen siempre un NÚCLEO y, además, MODIFICADORES o CARACTERIZADORES.

Según la clase de palabra a la que pertenezca el núcleo de la frase, podemos distinguir los siguientes tipos: frase nominal, frase adjetiva y frase adverbial. En la FRASE NOMINAL, el NÚCLEO es un sustantivo. Por ejemplo, "los cuentos infantiles de tu hermana" es una frase nominal, como se muestra en la figura 5.2.

 En las frases nominales, el NÚCLEO es siempre un sustantivo.

En las representaciones arbóreas, utilizamos un triángulo cuando dejamos sin analizar una parte de la construcción sintáctica. En este

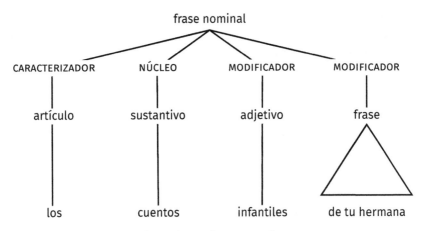

FIGURA 5.2. Representación arbórea de una frase nominal

caso, sabemos que "de tu hermana" es una frase porque es un conjunto de palabras que cumple una única función sintáctica (MODIFICADOR de "cuentos"), pero todavía no hemos estudiado qué tipo de frase es.

En una frase nominal, solo pueden funcionar como CARACTERI-ZADOR el artículo ("el, la, los, las") y todos los elementos que pueden aparecer en la misma posición que el artículo (tabla 5.1):

a. demostrativos: este/ese/aquel
b. posesivos: mi/tu/su/nuestro
c. algunos indefinidos: un/algún/ningún

TABLA 5.1. Clases de palabras en posición de CARACTERIZADOR

CARACTERIZADOR	NÚCLEO
Estos/Esos/Aquellos	
Mis/Tus/Sus/Nuestros	cuentos
Unos/Algunos/Ningunos	

 En las frases nominales, pueden funcionar como CARACTERIZADORES los artículos, demostrativos, posesivos y algunos indefinidos.

Los demás elementos variables de una frase nominal (independientemente de si aparecen antes o después del nombre) funcionan como MODIFICADORES, como se puede ver en la tabla 5.2.

TABLA 5.2. Estructura de la frase nominal

CARACTERIZADOR	MODIFICADOR	NÚCLEO	MODIFICADOR
los	otros	cuentos	
	tres		
			de tapa roja
	muchos		antiguos

EJERCICIO 2. Analiza sintácticamente las frases nominales que aparecen subrayadas en las siguientes oraciones:

a. Llegaron a las once de la noche <u>otros vecinos</u>.
b. En el mercado de los domingos venden <u>fruta ecológica</u>.
c. <u>Mi compañero de trabajo</u> tiene un hijo de treinta años.
d. Le regaló a cada uno de sus hijos <u>un reloj bañado en oro</u>.
e. Robaron <u>algunos libros antiguos de la biblioteca</u>.

En una FRASE ADJETIVA, el NÚCLEO es un adjetivo. Por ejemplo, "muy cariñoso con sus amigos" es una frase adjetiva en la oración *Antonio es muy cariñoso con sus amigos*. Los elementos variables de una frase adjetiva funcionan como MODIFICADORES, independientemente de si aparecen antes o después del núcleo. Véase, a modo de ejemplo, la figura 5.3.

El NÚCLEO de una frase adjetiva es un adjetivo. El NÚCLEO de una frase adverbial es un adverbio.

Finalmente, el NÚCLEO de una FRASE ADVERBIAL es un adverbio. En la oración *La playa está bastante lejos del centro*, "bastante lejos del centro" es una frase adverbial. Al igual que sucede en la frase adjetiva, los elementos variables de una frase adverbial funcionan como MODIFICADORES, tanto si aparecen antes como si aparecen después del núcleo, tal y como se puede ver en la figura 5.4. En la tabla 5.3, se puede ver un resumen de los tipos de frases endocéntricas que tenemos en español.

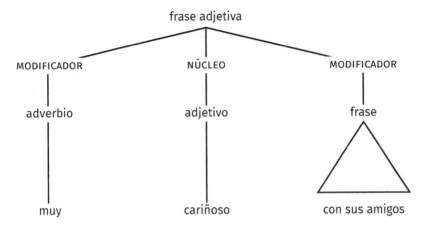

FIGURA 5.3. Representación arbórea de una frase adjetiva

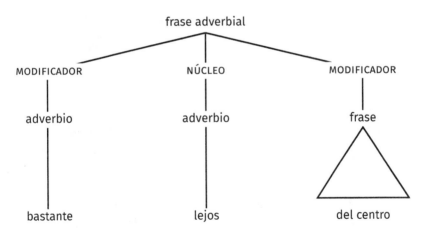

FIGURA 5.4. Representación arbórea de una frase adverbial

TABLA 5.3. Tipos de frases endocéntricas: unidades y funciones

Tipo de frase	(CARACTERIZADOR)	(MODIFICADOR)	NÚCLEO	(MODIFICADOR/ES)
nominal	artículo demostrativo posesivo *un, algún, ningún*	otro determinante adjetivo frase adjetiva	sustantivo	adjetivo frase adjetiva frase preposicional
adjetiva		adverbio frase adverbial	adjetivo	frase preposicional
adverbial		adverbio frase adverbial	adverbio	frase preposicional

Las palabras "cerca" y "lejos" son adverbios y no adjetivos porque son invariables en cuanto a género y a número. Los adjetivos correspondientes son "cercano" y "lejano". En inglés, "near" y "far" pueden funcionar como adjetivos (*the near future, the far west*) y como adverbios (*the time for battle drew near, don't go too far*).

5.2.2. La frase como estructura exocéntrica

Además de frases nominales, adjetivas y adverbiales, tenemos también FRASES PREPOSICIONALES. Como se muestra en la tabla 5.4, las frases preposicionales son estructuras exocéntricas; es decir, constan de dos elementos constantes/obligatorios: DIRECTOR y TÉRMINO. El DIRECTOR es siempre una preposición y el TÉRMINO, generalmente, es un nombre o una frase nominal. Por ejemplo, "de cine francés" es una frase preposicional (figura 5.5) en la oración *Ayer hablaron de cine francés*.

TABLA 5.4. La frase preposicional: estructura exocéntrica

Tipo de frase	DIRECTOR	TÉRMINO
preposicional	preposición	sustantivo frase nominal

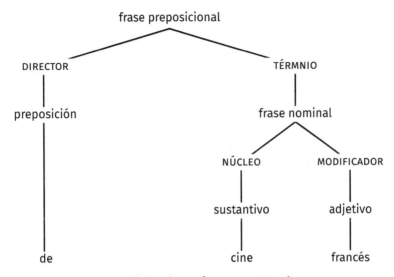

FIGURA 5.5. Representación arbórea de una frase preposicional

 Las frases preposicionales tienen dos elementos constantes: DIREC-
TOR (preposición) y TÉRMINO (sustantivo o frase nominal).

EJERCICIO 3. Analiza sintácticamente hasta llegar al nivel de la palabra
las frases que aparecen subrayadas en las siguientes oraciones.
a. ¡Esta ciudad está <u>tan apartada de la costa</u>!
b. Hablaban <u>con la boca casi cerrada</u>.
c. En esa tienda tienen <u>camisas con mangas muy amplias</u>.
d. <u>En la fiesta de cumpleaños de María</u>, hicimos muchos juegos
    diferentes.
e. Vino <u>mucho después</u>.

5.3. LA ORACIÓN

La ORACIÓN es la unidad lingüística caracterizada por tener como constituyente inmediato un verbo. En algunos modelos teóricos, la estructura
de la oración es binaria: consta de un SUJETO y un PREDICADO en el que
se incluye el verbo y los complementos del verbo (OBJETO DIRECTO,
OBJETO INDIRECTO, OBJETO PREPOSICIONAL). Desde esta perspectiva,
el verbo y los complementos del verbo constituyen una frase verbal. Sin

embargo, en este manual, analizaremos como oración cualquier unidad en la que haya un verbo. El verbo funciona de PREDICADO de la oración. Hay dos motivos por los que optamos por este análisis:

a. En español, el sujeto aparece indicado en la persona y el número del verbo, con lo cual muchas veces puede eliminarse de la construcción: (*Nosotros*) *compramos aceitunas.*
b. Algunas oraciones, llamadas IMPERSONALES o UNIPERSONALES, carecen de sujeto: *Aquí llueve mucho en invierno.*

 En todas las oraciones, hay un verbo. Cada vez que hay un verbo, hay una oración.

Distinguiremos dos tipos de oraciones: simples y compuestas. En las oraciones simples, solamente hay un verbo. Por ejemplo, *Nuestro amigo llegó ayer* es una oración simple, porque tiene el verbo "llegó". En algunos casos, una oración simple puede estar constituida por una perífrasis verbal. Una perífrasis verbal es una construcción formada por dos verbos que expresan un significado unitario. En las perífrasis verbales, hay un verbo conjugado (es decir, está en forma personal), el cual generalmente pierde parte de su significado léxico, y un verbo en forma no personal (es decir, en infinitivo, gerundio o participio). Los siguientes son ejemplos de perífrasis verbales:

a. "haber" + participio: esta perífrasis se utiliza para formar los tiempos compuestos. Ejemplo: Antonio ya <u>ha leído</u> el libro.
b. "estar" + gerundio: forma los tiempos progresivos. Ejemplo: Juan <u>está hablando</u> por teléfono.
c. "ser" + participio: se usa para formar los tiempos pasivos. Ejemplo: Juan <u>fue invitado</u> a una fiesta.

Existen además otras perífrasis verbales que expresan significados temporales, modales y aspectuales. Veamos algunos ejemplos:

a. Temporales: "ir a" + infinitivo (<u>vamos a repasar</u> los verbos en italiano).
b. Modales: "poder" + infinitivo (no <u>puedo ir</u> al trabajo hoy), "deber" + infinitivo (<u>debes cuidar</u> el material), "tener que" + infinitivo (<u>tengo que trabajar</u>), "querer" + infinitivo (<u>quiero llevar</u> dinero en efectivo).

c. Aspectuales: "acabar de" + infinitivo (<u>acabamos de comer</u> ahora mismo), "soler" + infinitivo (<u>suelen marcharse</u> de vacaciones en julio), "andar" + gerundio (Juan <u>anda barriendo</u> las habitaciones de arriba), "seguir" + gerundio (<u>sigo odiando</u> esta clase).

Además de oraciones simples, existen también ORACIONES COMPUESTAS. Una oración compuesta consta de dos o más verbos. Aquí incluimos algunos ejemplos:

María dijo que Antonio ya tenía pareja.
Aunque nieva mucho, generalmente la nieve se derrite pronto.

 En las oraciones compuestas, se establece una relación de coordinación o subordinación entre dos o más verbos.

En las oraciones en las que hay más de un verbo, se pueden establecer dos tipos de relaciones entre los verbos: coordinación y subordinación. La relación de coordinación se establece entre dos o más elementos variables:

$$\text{VARIABLE}_1 + \text{VARIABLE}_2 + \text{VARIABLE}_3 + \ldots \text{VARIABLE}_n$$

Los verbos (oraciones) que forman parte de una relación de coordinación son elementos variables porque pueden aparecer como oraciones independientes. Por ejemplo, *Juan recogió la mesa y yo fregué los platos* es una oración compuesta por coordinación que consta de dos oraciones: *Juan recogió la mesa* y *Yo fregué los platos*. Los verbos que forman parte de una oración compuesta están unidos a través de una conjunción coordinante. Las conjunciones coordinantes son "y (e)", "ni", "o (u)", y "o bien". Ejemplos:

Bajó la ventanilla del coche e intentó salir
¿Vienes o te quedas?

La subordinación es una relación sintáctica que se establece entre un elemento constante y uno o más elementos variables:

$$\text{CONSTANTE} + (\text{VARIABLE}_1) + (\text{VARIABLE}_2) + (\text{VARIABLE}_3) \ldots$$
$$(\text{VARIABLE}_n)$$

Un verbo está subordinado a otro si está en forma no personal o si forma parte de una oración que está encabezada por una conjunción subordinante, un pronombre interrogativo o un pronombre relativo. Los verbos subordinados (y las oraciones de las que forman parte) se consideran elementos variables, dado que cumplen una función sintáctica (SUJETO, OBJETO DIRECTO) con respecto al verbo principal. Por ejemplo, en la oración *Juan quiere que vayas*, el verbo "vayas" es subordinado porque está encabezado por la conjunción subordinante "que". La oración subordinada "que vayas" es el OBJETO DIRECTO del verbo principal "quiere".

Los verbos en forma no personal son infinitivo ("ir"), gerundio ("preguntando") y participio ("acabada"):

> Me gusta ir al cine.
> María entró en casa preguntando por su abuelo.
> Acabada la reunión, Juan marchó para casa.

Si el verbo está en forma personal (es decir, conjugado), será subordinado si la oración a la que pertenece está encabezada por una conjunción subordinante (p. ej. "que", "si", "cuando", "porque"), un pronombre interrogativo ("qué", "quién", "dónde") o un pronombre relativo ("que", "cual", "quien", "cuyo"). Las conjunciones subordinantes, los pronombres interrogativos y los pronombres relativos van siempre con el primer verbo que aparece después de ellos. He aquí algunos ejemplos:

Conjunción subordinante
> Juan me dijo que venía hoy.
> Me preguntó si tenía novia.
> Llegó cuando la fiesta ya había terminado.
> Se enfadó conmigo porque no fui a la fiesta.

Pronombre interrogativo
> Me preguntó qué hora era.
> No sé quién va a llevarse el premio.
> María quiere saber dónde compraste ese vestido tan bonito.

Pronombre relativo
> El libro que compraste es muy interesante.

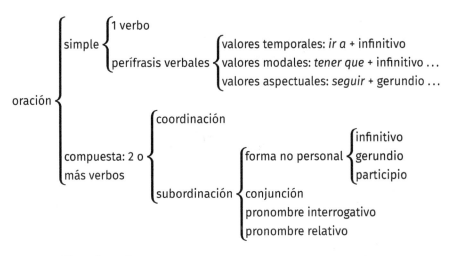

FIGURA 5.6. Tipos de oraciones

La razón por la cual dejé el trabajo es muy simple.
La chica a quien conociste en mi casa es peruana.
Pedro, cuya madre es brasileña, habla inglés muy bien.

A veces, la oración en la que hay un verbo subordinado recibe el nombre de CLÁUSULA. Se distingue así entre cláusula subordinada y cláusula principal. En algunos marcos teóricos, se utiliza también el término CLÁUSULA para referirse más ampliamente a cualquier oración, sea subordinada o no. La figura 5.6 es un resumen de los tipos de oraciones que hemos visto en esta sección.

EJERCICIO 4. Distingue entre oración simple y oración compuesta.
a. La verdad permanece, aunque no tenga apoyo público.
b. Pedro y Juan han vivido en Seattle.
c. Todas sus hermanas son mayores.
d. Si no tuviera sentido del humor, habría dejado este trabajo hace tiempo.
e. Esa casa fue diseñada por Frank Lloyd Wright.
f. Para cambiar el mundo, empieza por transformarte a ti mismo.
g. Mi abuela quiere mucho a su perro.
h. El miedo tiene su utilidad, pero la cobardía es inútil.

i. Sé el cambio que querrías ver en el mundo.
j. Debo ir a trabajar esta noche.
k. Acaba de proponerle matrimonio.
l. Cuando te vayas, cierra la puerta.
m. Van a reconstruir todo el edificio.

EJERCICIO 5. Subraya los verbos que aparecen en el siguiente texto. Distingue entre verbos subordinados y no subordinados (principales). Justifica la respuesta.

Desde que era pequeña, tenía la costumbre de encerrarse en su habitación para estar sola. Su madre llamaba insistentemente a su puerta sin recibir respuesta. Cuando se casó con Santiago, siguió haciéndolo, aunque sabía que a Santiago le molestaba profundamente porque no entendía su necesidad de aislarse del mundo.

5.3.1. La función sintáctica de SUJETO

La mayor parte de las oraciones tienen un constituyente que funciona de SUJETO. Las únicas excepciones son las oraciones IMPERSONALES o unipersonales. Estas oraciones, que carecen de SUJETO, incluyen, entre otras, las construcciones con "haber". El verbo "haber" se caracteriza como presentativo porque se utiliza para introducir información nueva a través de un nombre o frase nominal que suele aparecer después del verbo. Se conjuga siempre en tercera persona de singular, independientemente de si el nombre o frase nominal es singular ("un hombre") o plural ("dos hombres"):

Había un hombre en la parada del autobús.
Había dos hombres en la parada del autobús.

Otro tipo de oraciones impersonales son las que se construyen con verbos que expresan tiempo meteorológico como "llover", "lloviznar", "granizar", "nevar", "tronar" o "relampaguear". Por ejemplo:

Ahora ya no llueve.
Está nevando en los puertos de montaña.

Las demás oraciones del español tienen SUJETO. Para identificar el SUJETO de una oración, podemos apelar al fenómeno de la concordancia: el SUJETO concuerda con el verbo en número (singular/plural) y persona (primera/segunda/tercera):

> Juan tiene cinco hermanos.
> Doscientos metros más arriba vivía David.
> A Juan le gustan las películas de terror.
> El día de la fiesta probaron la sopa de serpiente los hermanos
> González.

Como se puede ver en estas oraciones, el orden de los constituyentes es flexible en español, con lo cual el SUJETO puede aparecer antes o después del verbo.

Cuando en una oración hay más de un nombre o frase nominal que puede concordar con el verbo, el SUJETO será aquel constituyente que carece de preposición. En otras palabras, la función sintáctica de SUJETO nunca puede estar desempeñada por una frase preposicional. Por ejemplo, en la oración *A Juan le gusta el fútbol,* tanto "a Juan" como "el fútbol" concuerdan con el verbo "gusta" en número (singular) y persona (tercera). Sin embargo, el SUJETO de la oración es "el fútbol" porque "a Juan" es una frase preposicional.

 El SUJETO concuerda con el verbo en número y persona, y nunca lleva preposición.

Si el SUJETO es pronominal, el pronombre toma las siguientes formas: "yo", "tú/usted", "él/ella", "nosotros/as", "ustedes", "ellos/as".

> No fuimos nosotros, fueron ellos.
> ¿Qué hiciste tú ayer?
> Yo creo que deberíamos invitarlo.

Dado que el SUJETO aparece expresado en el verbo a través de las desinencias de número y persona, generalmente, el SUJETO pronominal se puede omitir en español:

¿Qué <u>hiciste (tú)</u> ayer?

<u>(Yo)</u> <u>creo</u> que deberíamos invitarlo.

Por este motivo, se dice que el español es una lengua de sujeto nulo o "pro-drop". Aunque no hay reglas categóricas en lo que respecta al uso del pronombre SUJETO, se favorece su expresión si su referente es distinto al referente del SUJETO de la oración inmediatamente anterior:

Mi hijo llegó muy tarde a casa. <u>Yo creo</u> que está saliendo con alguien.

Mi hijo llegó muy tarde a casa. <u>No cenó</u> con nosotros.

En el primero, el referente del SUJETO de "creo" ("yo") es diferente al referente del SUJETO de "llegó" ("mi hijo"). Como resultado, se expresa el SUJETO de "creo" a través del pronombre "yo". Por el contrario, en el segundo, el referente del SUJETO de "no cenó" ("mi hijo") es el mismo que el referente del SUJETO de "llegó" (también "mi hijo"). Como resultado, se omite el pronombre SUJETO de "no cenó".

EJERCICIO 6. Indica cuál es el SUJETO de las siguientes oraciones. Justifica la respuesta.

a. Incluso los monos se caen de los árboles.

b. ¿Desde cuándo está la pared manchada?

c. El débil jamás puede perdonar.

d. En noviembre anochece a las cinco de la tarde.

e. Para una persona no violenta, todo el mundo es su familia.

f. A los niños ya no les asustan las historias de miedo.

g. De pequeño odiaba los tomates con cebolla.

h. Después de dos horas, llegaron los novios de la sesión fotográfica.

i. Todos los miércoles les traíamos caramelos a los niños antes de la clase.

La función sintáctica de SUJETO se corresponde, normalmente, con el AGENTE de la construcción, es decir, el participante que ejecuta la acción del verbo. Sin embargo, no todos los SUJETOS son agentes. Entre los roles semánticos que pueden aparecer en función de SUJETO, destacamos los siguientes:

<u>Juan</u> taló el árbol.	SUJETO-agente
<u>El árbol</u> fue talado por Juan.	SUJETO-paciente
<u>Alberto</u> vio una película.	SUJETO-experimentador
A Juan le gusta <u>el cine</u>.	SUJETO-tema

"El árbol" es el SUJETO de "fue talado", pero no es el agente de la oración, sino el PACIENTE; es decir, es el participante que se ve afectado por la acción del verbo. Los roles semánticos de agente y paciente se asocian con verbos de acción, como "talar". Sin embargo, algunos verbos, como "ver" o "gustar", no expresan acciones. Para este tipo de verbos, los roles semánticos equivalentes a agente y paciente son EXPERIMENTADOR y TEMA, respectivamente. El SUJETO de "vio" ("Alberto") es el experimentador de la construcción, mientras que "el cine", SUJETO de "gusta", es el tema.

5.3.2. Clasificación de las oraciones simples

En este apartado, estudiaremos la estructura sintáctica de las oraciones simples del español. Como ya hemos visto, con excepción de las oraciones impersonales o unipersonales, todas las oraciones tienen un SUJETO. Además, veremos que cada tipo de oración que vamos a estudiar contiene a su vez funciones sintácticas específicas. Distinguiremos los siguientes tipos de oraciones:

a. copulativas
b. transitivas
c. ditransitivas
d. intransitivas
   1. oraciones con verbo preposicional
   2. oraciones con verbos del tipo *gustar*
   3. oraciones intransitivas propiamente dichas

5.3.2.1. Oraciones copulativas

Las ORACIONES COPULATIVAS, también llamadas de predicado nominal, son aquellas que contienen los verbos "ser", "estar" o "parecer". Estos verbos se caracterizan como COPULATIVOS porque actúan como enlaces o nexos entre el SUJETO y un sustantivo (o frase nominal) o adjetivo (o frase adjetiva) que nos indica alguna cualidad del sujeto:

> María es abogada.
> Juan está cansado de trabajar.
> Alberto parece contento.

Sustantivos como "abogada", frases adjetivas como "cansado de trabajar" y adjetivos como "contento" realizan la función sintáctica de ATRIBUTO (también llamado PREDICATIVO). El atributo concuerda en género y número con el sujeto de la oración. Además, se puede sustituir por el pronombre invariable "lo":

> María es <u>abogada</u>.   María LO es
> Los niños están <u>cansados</u>.   Los niños LO están.

Las oraciones copulativas se caracterizan por tener la función sintáctica de ATRIBUTO. Solo los verbos "ser", "estar" y "parecer" aparecen en este tipo de construcciones.

5.3.2.2. Oraciones transitivas

Las oraciones transitivas son aquellas que llevan un OBJETO DIRECTO / COMPLEMENTO DIRECTO. Esta función sintáctica tiene las siguientes características:

a.   El OBJETO DIRECTO normalmente no lleva preposición:

> Juan salvó <u>los libros</u>.
> Alicia taló <u>el árbol</u>.
> Roberta plegó <u>la mesa de playa</u>.

Sin embargo, en algunos contextos, el OBJETO DIRECTO lleva la preposición "a". Dicha preposición se utiliza cuando el OBJETO DIRECTO es un pronombre personal ("a mí", "a ti", "a él", "a nosotros", "a ustedes", "a ellos"), un nombre propio de persona ("a María", "a Alicia") o un nombre común con referente humano ("a los pescadores"):

Juan me salvó <u>a mí</u>.
Juan salvó <u>a María</u>.
Juan salvó <u>a los pescadores</u>.

Como se puede ver, los OBJETOS DIRECTOS que llevan "a" tienen algunas características típicas de los SUJETOS (se refieren a entidades humanas). Por este motivo, a veces se describe la "a" como un "marcador diferencial de objeto". Dicho marcador permite distinguir el OBJETO DIRECTO del SUJETO en aquellos casos en los que podría haber ambigüedad, dado que su referente es humano.

b. El OBJETO DIRECTO se puede sustituir por los pronombres clíticos "me", "te", "lo", "la", "nos", "los", "las":

Juan trajo <u>flores</u>   Juan LAS trajo.
Juan dobló <u>el mantel</u>.   Juan LO dobló.

El pronombre clítico aparece obligatoriamente si el OBJETO DIRECTO es pronominal ("a mí", "a ti", "a él", etc.) tanto en posición posverbal (*Juan ME salvó a mí*) como preverbal (*a mí ME salvó Juan*). También se utiliza normalmente el pronombre clítico si el OBJETO DIRECTO se coloca antes del verbo: *Las flores LAS trajo Juan* (pero *Juan trajo las flores*, sin clítico).

c. Normalmente, el OBJETO DIRECTO se puede convertir en SUJETO de la construcción pasiva ("ser" + participio):

María salvó <u>a Juan</u> (activa).
<u>Juan</u> fue salvado por María (pasiva).

d. El OBJETO DIRECTO es, normalmente, el paciente de la construcción. Sin embargo, no todos los OBJETOS DIRECTOS son pacientes. Otro rol semántico que aparece en función de OBJETO DIRECTO es el de tema (con verbos que no expresan acciones):

Juan taló <u>el árbol</u>.   OBJETO DIRECTO -paciente
Juan odia <u>el invierno</u>.   OBJETO DIRECTO -tema

Las oraciones transitivas son aquellas que llevan OBJETO DIRECTO.

EJERCICIO 7. Identifica el OBJETO DIRECTO en las siguientes oraciones
y explica por qué (o por qué no) lleva la preposición "a":
a. Encontraron una tienda en la que se venden teléfonos celulares a
   precios muy bajos.
b. A ellos no los veo desde hace mucho tiempo.
c. Les trajo un regalo de su viaje al Perú.
d. Ahora mismo salgo a la calle a buscarte.
e. Las joyas las hallaron al día siguiente escondidas en el ático.
f. Saludó a María con mucho entusiasmo.

5.3.2.3. Oraciones ditransitivas

 En las oraciones ditransitivas, además de OBJETO DIRECTO, hay un
OBJETO INDIRECTO.

En las oraciones ditransitivas, además de un OBJETO DIRECTO,
hay también un OBJETO INDIRECTO / COMPLEMENTO INDIRECTO.
El OBJETO INDIRECTO tiene las siguientes características:

a. Está siempre desempeñado por una frase preposicional precedida
   por la preposición "a". La preposición "para" no introduce frases
   preposicionales en función de objeto indirecto. Solamente las frases preposicionales encabezadas por "a" son correferenciales con
   el pronombre clítico de objeto indirecto que aparece en el verbo.
   Compara las siguientes oraciones:

   a. Le compré un regalo a María.
   b. Le compré un libro para María.
   c. Le compré un libro al librero para María.

En a. "a María" funciona de OBJETO INDIRECTO de la construcción
porque es correferencial con "le". Desde el punto de vista semántico,
"a María" es el receptor (la persona que recibe el regalo). Aunque "para
María" es también el receptor en b., no funciona de OBJETO INDIRECTO

de la construcción dado, que no es correferencial con "le". En c. se puede ver que "para María" puede aparecer en una misma construcción con un OBJETO INDIRECTO introducido por "a" (en este caso, "al librero"). "Al librero" es el OBJETO INDIRECTO de la construcción porque es correferencial con "le". Desde el punto de vista semántico, "al librero" es el origen de la compra; mientras que "a María" es el receptor de la compra. Esta oración muestra que, en español, el receptor de la construcción no siempre funciona de OBJETO INDIRECTO.

 En inglés, tanto la preposición "to" como la preposición "for" pueden introducir objetos indirectos (*I gave it to him, I bought it for him*).

b. El OBJETO INDIRECTO aparece generalmente duplicado a través de los pronombres "me", "te", "le (se)", "nos", "les (se)".

> Juan LES entregó las notas <u>a sus padres</u>.
> Juan SE las entregó <u>a sus padres</u>.

Si el OBJETO INDIRECTO no está duplicado en el verbo a través de un pronombre clítico, se puede sustituir por dicho pronombre:

> Entregaron regalos <u>a los niños</u>.
> LES entregaron regalos.

El OBJETO DIRECTO y el OBJETO INDIRECTO tienen dos características en común:

• ambos pueden llevar la preposición "a":

> Describió <u>a Juan</u> (OBJETO DIRECTO).
> Se lo describió <u>a Juan</u> (OBJETO INDIRECTO).

• ambos pueden aparecer duplicados en el verbo:

> <u>Los muebles</u> LOS traerán mañana (OBJETO DIRECTO).
> <u>A Rogelio</u> LE traerán los muebles mañana (OBJETO INDIRECTO).

- los clíticos de primera y segunda persona ("me", "te", "nos") pueden ser tanto objeto directo como indirecto:

Objeto directo	Objeto indirecto
<u>Me</u> lavo.	<u>Me</u> lavo las manos.
<u>Te</u> besó.	<u>Te</u> dio un beso.
<u>Nos</u> llevó a casa.	<u>Nos</u> llevó la comida a casa.
<u>Me</u> vio a mí.	<u>Me</u> contó historias a mí.
<u>Nos</u> llaman a nosotros.	<u>Nos</u> hablan a nosotros.

En la tabla 5.5, se revisan las diferencias entre OBJETO DIRECTO y OBJETO INDIRECTO.

TABLA 5.5. Diferencias entre objeto indirecto y objeto directo

	PREPOSICIÓN A	CLÍTICO	DUPLICACIÓN
OBJETO INDIRECTO	siempre	me, te, nos le, les	siempre
OBJETO DIRECTO	pronombre personal nombre propio de persona nombre común de persona	me, te, nos lo, la, los, las	pronominal preverbal

EJERCICIO 8. Identifica el OBJETO DIRECTO y el OBJETO INDIRECTO en las siguientes oraciones ditransitivas. Justifica la respuesta:
a. Les regalaba la fruta más madura a mis vecinos.
b. Se las entregaron en la entrada.
c. ¿Me puedes traducir esta canción al francés?
d. Nuestro comportamiento transmite tranquilidad al niño.
e. A la mayoría de la gente le contó su novia el secreto de ambos.
f. Nos presentó a sus padres el día de la graduación.

5.3.2.4. Oraciones intransitivas

 Las oraciones en las que no hay un OBJETO DIRECTO son intransitivas.

Las oraciones intransitivas carecen de OBJETO DIRECTO. Podemos distinguir tres grandes tipos de oraciones intransitivas: oraciones con verbo preposicional, oraciones con verbos de tipo "gustar" y oraciones intransitivas propiamente dichas. Las oraciones con verbo preposicional son aquellas que llevan un OBJETO PREPOSICIONAL o SUPLEMENTO. Esta función sintáctica está desempeñada por una frase preposicional. El verbo exige usar esa preposición y, normalmente, no puede variar. Dado que está exigida por el verbo, la unidad sintáctica que funciona como OBJETO PREPOSICIONAL es un elemento nuclear en la oración. A continuación, se presentan dos ejemplos de oraciones intransitivas con verbo preposicional:

Juan pensó <u>EN una solución</u>.
María cuida <u>DE sus hermanos</u> los viernes por la noche.

Entre los verbos que necesitan un objeto preposicional tenemos: "abstenerse de", "acabar con", "arrepentirse de", "aspirar a", "carecer de", "confiar en" "consistir en", "constar de", "contar con", "cuidar de", "depender de", "desconfiar de", "destacar en", "dignarse a", "equivaler a", "ensañarse con", "estribar en", "habitar en", "hablar de/sobre", "jactarse de", "oler a", "optar por", "pensar en", "preguntar por", "proceder de", "provenir de", "residir en" y "soñar con".

 Los verbos que rigen un OBJETO PREPOSICIONAL exigen una preposición específica que no se puede cambiar.

EJERCICIO 9. Señala el OBJETO PREPOSICIONAL/SUPLEMENTO de las siguientes oraciones.
a. El presentador se burlaba de los concursantes.
b. Por mí siempre pregunta por las mañanas.
c. Los vecinos se olvidaron de los pasaportes y no pudieron volar.
d. En la escuela secundaria, Aurelio destacaba en matemáticas y biología.
e. Después de diez años de trabajo, aspiras a un puesto con mejor sueldo.
f. En el medio de la presentación, Elvira se dio cuenta de que ya no estaba nerviosa.

El segundo tipo de oraciones intransitivas son las oraciones con verbos del tipo "gustar". Estas oraciones se utilizan con algunos verbos que, al igual que "gustar", expresan estados psicológicos. El experimentador de estos estados funciona de OBJETO INDIRECTO de la oración y el tema funciona de SUJETO (dado que concuerda con el verbo). Veamos el siguiente ejemplo:

A Alberto	le gustan	las manzanas verdes
experimentador	estado psicológico	tema
OBJETO INDIRECTO	PREDICADO	SUJETO

Entre los verbos con estructura similar tenemos "afectar", "apetecer", "desagradar", "disgustar", "doler", "encantar", "interesar", "molestar", "pesar" y "repugnar":

Me duele el estómago.
El cambio climático afecta al clima de todo el planeta.
A los niños les encantan los dulces.

 En las oraciones intransitivas con verbos del tipo "gustar", el experimentador del estado psicológico, normalmente una persona, funciona de OBJETO INDIRECTO.

EJERCICIO 10. Distingue entre oraciones ditransitivas y oraciones intransitivas.
a. Solo se lo venden a amigos muy íntimos.
b. Estos dos días de descanso me vienen muy bien.
c. A Elvira le quedan dos semanas de vacaciones.
d. Les pagan una miseria por hora.
e. Les leía un cuento a sus nietos todas las noches.
f. A mí también me interesa vivir más cerca del trabajo.

El tercer tipo de oraciones intransitivas son las intransitivas propiamente dichas, es decir, aquellas oraciones que no requieren ningún tipo de complemento (ni OBJETO DIRECTO, ni OBJETO INDIRECTO, ni OBJETO

PREPOSICIONAL), aunque pueden aparecer con COMPLEMENTOS CIR-
CUNSTANCIALES (vid. § 5.3.3 infra) que indican el tiempo ("toda la tarde"),
lugar ("en Francia"), modo ("muy rápido"), etc., en que sucede el evento:

> María estuvo durmiendo toda la tarde.
> Pedro murió en Francia.
> Juan habla muy rápido.

5.3.3. Los complementos circunstanciales

Los COMPLEMENTOS CIRCUNSTANCIALES (también llamados "adita-
mentos" o "adjuntos") no son exigidos por el verbo. Indican las circunstancias en las que tiene lugar el evento expresado por la oración:

a. tiempo: Llegamos a las cinco de la tarde.
b. lugar: Les entregó la herencia en su casa.
c. modo: Cosimos las cortinas cuidadosamente.
d. causa: No pudo llegar al trabajo por la nieve.
e. finalidad: Alquilamos un carro para repartir la fruta.

Dado que no son exigidos por el verbo, pueden aparecer en cualquier
tipo de oración:

a. copulativa: Juan está cansado hoy.
b. transitiva: María arregló el carro rápidamente.
c. ditransitiva: En Bélgica, les dieron el primer premio.
d. intransitiva con verbo preposicional: De pequeño, cuidaba de ella.
e. intransitiva con verbo del tipo "gustar": En verano, me gusta
   mucho el café frío.
f. intransitiva propiamente dicha: Icíar llegó el jueves.

Los COMPLEMENTOS CIRCUNSTANCIALES pueden estar desempe-
ñados por varios tipos de unidades, principalmente, frase preposicional
("para María", "por la tarde", "en el centro de la ciudad"), adverbio ("ayer")
o frase adverbial ("muy rápido") y frase nominal ("esta semana"):

> Ayer trajeron un regalo para María.
> Hicieron el trabajo muy rápido.

Me entrevistaré con el director de la compañía <u>esta semana</u>.
<u>Por la tarde</u>, nos veremos <u>en el centro de la ciudad</u>.

 Los COMPLEMENTOS CIRCUNSTANCIALES pueden aparecer en cualquier tipo de oración.

EJERCICIO 11. Identifica los COMPLEMENTOS CIRCUNSTANCIALES en las siguientes oraciones.
a. Los hijos acabaron con sus ahorros con rapidez.
b. Les mandé este mensaje esta semana para pedir la dimisión.
c. Roque quiere a sus hijos a su manera.
d. Los días sin sol les gusta la siesta.
e. Hablaron deprisa de sus diferencias.
f. Desde los catorce años reside en la ciudad.

5.3.4. Tipos de oraciones simples: recapitulación

En la tabla 5.6, se ofrece un resumen de las principales características de cada uno de los tipos de oraciones simples que hemos visto:

TABLA 5.6. Tipos de oraciones simples

tipo de oración		OBJETO DIRECTO	OBJETO INDIRECTO	OBJETO PREPOSICIONAL	ATRIBUTO
copulativa					✓
transitiva		✓			
ditransitiva		✓	✓		
intransitiva	con verbo preposicional			✓	
	con verbo del tipo "gustar"		✓		
	propiamente dicha				

Recuerda que un mismo verbo puede aparecer en tipos de oraciones diferentes. Veamos algunos ejemplos:

"estar"
> oración copulativa: Inmaculada <u>está</u> casada
> oración intransitiva propiamente dicha: Inmaculada <u>está</u> en
> Milwaukee

"describir"
> oración transitiva: No <u>pudo describir</u> a su atacante
> oración ditransitiva: Me <u>describió</u> a su nueva novia

"comer"
> oración transitiva: <u>Comimos</u> un trozo de pastel
> oración intransitiva propiamente dicha: Ayer no <u>comimos</u> en
> todo el día

"hablar"
> oración intransitiva con objeto preposicional: <u>Hablaron</u> de
> cine
> oración intransitiva propiamente dicha: <u>Habla</u> todo el rato

EJERCICIO 12. Explica las diferencias sintácticas que existen entre los siguientes pares de oraciones teniendo en cuenta el tipo de oración a la que pertenece cada una de ellas. Justifica la respuesta de la manera más precisa posible.

a. 1. A Conrado le afectó la noticia.
    2. A Conrado le mandó la noticia.
b. 1. Aurelia destaca en matemáticas.
    2. Aurelia destaca en la foto.
c. 1. A Encarna la contrataron los directores de la empresa.
    2. A Encarna le desagradan los directores de la empresa.
d. 1. Una libra esterlina equivale a 1,40 dólares.
    2. La libra esterlina es muy cara.

EJERCICIO 13. En las siguientes oraciones, los constituyentes que aparecen subrayados se pueden sustituir por "lo". ¿Podemos decir que ambos constituyentes cumplen la misma función sintáctica? Justifica la respuesta.

a. Juan es <u>alto</u>   Juan lo es
b. Juan conoce <u>a Pedro</u>   Juan lo conoce

EJERCICIO 14. Considera las siguientes oraciones:

a. Le envié una carta <u>a Juan.</u>
b. Le envié una carta <u>a Madrid.</u>

La frase preposicional subrayada de a. cumple la función de OBJETO INDIRECTO. ¿Cumple "a Madrid" la misma función en b.? Justifica la respuesta y busca algún otro ejemplo paralelo.

5.3.5. Clasificación de las oraciones compuestas

Como vimos en el apartado 5.3, las oraciones compuestas tienen dos o más verbos. En las oraciones compuestas por coordinación, la conjunción coordinante ("y", "ni", "o", "o bien") une en una misma unidad dos o más oraciones independientes. Por ejemplo, en la oración compuesta *No es muy buena ni es muy mala*, la conjunción coordinante "ni" une dos oraciones independientes: *No es muy buena* y *No es muy mala*.

En las oraciones compuestas por subordinación, la oración subordinada cumple una función sintáctica en la oración principal. Tradicionalmente, las oraciones subordinadas se clasifican en tres tipos: sustantivas, adjetivas (o de relativo) y adverbiales. Las oraciones subordinadas sustantivas son aquellas que se utilizan en lugar de un nombre o frase nominal. Al igual que estos, pueden funcionar de SUJETO u OBJETO DIRECTO de la oración principal. Por ejemplo, en la oración *María contó que Antonio leyó el libro*, "que Antonio leyó el libro" puede aparecer en lugar del nombre "historias" o de la frase nominal "la verdad". Al igual que estos, la oración subordinada "que Antonio leyó el libro" funciona de OBJETO DIRECTO de "contó".

<blockquote>
María contó   historias
                la verdad
                que Antonio leyó el libro
</blockquote>

Además de la conjunción subordinante "que", la cual actúa como nexo entre los verbos "contó" y "leyó", las oraciones subordinadas sustantivas pueden ser introducidas a través de un pronombre interrogativo (en las llamadas "interrogativas indirectas") y una oración de infinitivo (vid. §5.3). A continuación, se incluyen dos ejemplos de oraciones subordinadas sustantivas en función de OBJETO DIRECTO:

Me preguntó <u>qué hacía en la oficina</u>: "qué" es un pronombre
interrogativo.

Prefiero <u>hacer la cena</u>: oración de infinitivo.

Las oraciones subordinadas sustantivas también pueden funcionar
de SUJETO, como se puede ver en los siguientes ejemplos. La oración
subordinada sustantiva "que siempre llega puntual" es el SUJETO de
"gusta" y la oración subordinada sustantiva "llegar a fin de mes con ese
sueldo" es el SUJETO de "es":

Me gusta <u>que siempre llega puntual</u>: "que" es una conjunción
subordinante.

Es imposible <u>llegar a fin de mes con ese sueldo</u>: oración de
infinitivo.

Las oraciones subordinadas adjetivas (o de relativo) se utilizan en lugar
de un adjetivo ("preciosa") o una frase adjetiva ("muy pequeña"). Se sitúan
al nivel de la frase nominal y, al igual que los adjetivos, funcionan de
MODIFICADOR del sustantivo:

	preciosa
Juan tienen una casa	muy pequeña
	que está junto al mar

Las oraciones subordinadas adjetivas son introducidas por un pronombre relativo ("que, quien, cual, cuyo") que hace referencia al sustantivo que lo precede. En la oración *Juan tiene una casa que está junto al mar*,
la oración subordinada adjetiva es "que está junto al mar". Dicha oración
está encabezada por el pronombre relativo "que", que hace referencia a
"casa". De hecho, la oración se podría dividir en dos oraciones independien-
dientes: "Juan tiene una casa" y "la casa está junto al mar". Al igual que
el adjetivo "preciosa" y la frase adjetiva "muy pequeña", la oración "que
está junto al mar" funciona de MODIFICADOR de la frase nominal "una
casa que está junto al mar".

Existe un tercer tipo de oraciones subordinadas, junto con las sustantivas y las adjetivas: las oraciones subordinadas adverbiales. En este
caso, son equivalentes a un adverbio ("mañana") o frase adverbial ("más

tarde") y funcionan de COMPLEMENTOS CIRCUNSTANCIALES del verbo principal.

	mañana
Llámame por teléfono	más tarde
	cuando llegues a casa

En la oración *Llámame por teléfono cuando llegues a casa,* hay una oración subordinada adverbial: "cuando llegues a casa", introducida por la conjunción subordinante "cuando". Esta oración funciona de COMPLEMENTO CIRCUNSTANCIAL de tiempo del verbo principal *llámame,* del mismo modo que "mañana" o "más tarde".

Además de ser COMPLEMENTOS CIRCUNSTANCIALES de tiempo, las subordinadas adverbiales pueden también ser COMPLEMENTOS CIRCUNSTANCIALES de lugar y de modo, como se puede ver en los siguientes ejemplos:

Nos encontraremos <u>donde te recogí la semana pasada</u>
Hizo el nudo de la corbata <u>como le enseñó su papá</u>

Tradicionalmente, se incluyen también, dentro de las oraciones subordinadas adverbiales, las oraciones finales, causales, finales, concesivas, condicionales, comparativas y consecutivas. En realidad, en estos casos, más que una relación de subordinación, existe una relación de interdependencia entre las dos oraciones que las componen. A continuación, se presenta un ejemplo de cada una de ellas:

a. Oración causal: No llegué a tiempo porque se retrasó el autobús.
b. Oración final: Traje todos los pantalones para que elijas el más bonito.
c. Oración concesiva: El avión saldrá puntual, aunque caiga un poco de nieve.
d. Oración condicional: No hubiera venido tan temprano si lo hubiera sabido.
e. Oración comparativa: Juan miente más que habla.
f. Oración consecutiva: Tiene tanto trabajo que está bloqueado.

EJERCICIO 15. Subraya los verbos que aparecen en las siguientes oraciones y señala si son principales o subordinados. Para completar esta parte del ejercicio, puede ayudarte repasar la información que aparece en el apartado 5.3. Una vez que hayas identificado los verbos subordinados, indica en qué tipo de oración subordinada (sustantiva, adjetiva, adverbial) están. Justifica la respuesta.

a. No creo que Juan haya comprado ya las flores.
b. Como no tienes mucho dinero, no puedes vivir en esta parte de la ciudad.
c. A Enrique le molesta trabajar los sábados.
d. Conozco a un médico que sabe acupuntura.
e. Escribió una nueva novela en la cual le pide matrimonio.
f. Estábamos cruzando la plaza para que tú tomases el colectivo.
g. Me aconsejó que esperara hasta la semana que viene.
h. No me llames hasta que sean las diez.
i. A pesar de haber vivido muchos años en Estados Unidos, habla muy poco inglés.
j. Si yo fuera hombre, no me casaba.

EJERCICIO 16. En las siguientes oraciones, distingue entre "que" conjunción subordinante, pronombre interrogativo y pronombre relativo e indica qué tipo de oración subordinada introduce:

a. Nos advirtió que no nos acercáramos a la valla.
b. Enséñame la calculadora que te han comprado.
c. Ganó el premio un señor al que no conocía nadie.
d. Desconozco qué estará tramando ahora tu hermano.
e. Quiero que hagas algo por mí.

5.4. RELACIONES ENTRE TIPOS DE UNIDAD Y FUNCIONES SINTÁCTICAS

Como ya se ha señalado en varias ocasiones a lo largo del capítulo, es muy importante distinguir entre unidades y FUNCIONES a la hora de hacer un análisis sintáctico. En la tabla 5.7, se puede ver la lista de unidades que hemos estudiado en este capítulo, mientras que la tabla 5.8 incluye todas las FUNCIONES, tanto al nivel de la frase como de la oración:

TABLA 5.7. Lista de unidades

oración	oración simple
	oración compuesta
frase	frase nominal
	frase adjetiva
	frase adverbial
	frase preposicional
palabra	sustantivo
	adjetivo
	determinante
	pronombre personal
	verbo
	adverbio
	preposición
	conjunción

TABLA 5.8. Lista de funciones

(al nivel de la oración)	SUJETO
	OBJETO DIRECTO
	OBJETO INDIRECTO
	OBJETO PREPOSICIONAL
	ATRIBUTO
	COMPLEMENTO CIRCUNSTANCIAL
	PREDICADO

(cont.)

TABLA 5.8. (*cont.*)

		CARACTERIZADOR
	(Frase nominal)	NÚCLEO
		MODIFICADOR
(al nivel de la frase)	(Frase adjetiva, Frase adverbial)	NÚCLEO
		MODIFICADOR
	(Frase preposicional)	DIRECTOR
		TÉRMINO

 Una misma unidad puede cumplir más de una función y una misma función puede estar desempeñada por más de un tipo de unidad.

En términos generales, podemos decir que no hay una correspondencia unívoca entre tipo de unidad y función sintáctica; es decir, un mismo tipo de unidad puede desempeñar más de una función sintáctica y, viceversa, una misma función sintáctica puede estar desempeñada por distintos tipos de unidades. Veamos algunos ejemplos en las tablas 5.9 y 5.10.

TABLA 5.9. Una unidad, DOS O MÁS FUNCIONES

unidad	FUNCIÓN		EJEMPLO
frase nominal: <u>los libros</u>	(nivel de la frase)	TÉRMINO	de <u>los libros</u>
	(nivel de la oración)	SUJETO	<u>los libros</u> están allí
		OBJETO DIRECTO	ya trajeron <u>los libros</u>
adverbio: <u>completamente</u>	(nivel de la frase)	NÚCLEO	casi <u>completamente</u>
		MODIFICADOR	<u>completamente</u> bien
	(nivel de la oración)	COMPLEMENTO CIRCUNSTANCIAL	olvidé <u>completa-mente</u> tu encargo

TABLA 5.10. UNA FUNCIÓN / varias unidades

FUNCIÓN	unidad	EJEMPLO
MODIFICADOR (nivel de la frase)	adjetivo	coche <u>viejo</u>
	adverbio	<u>casi</u> viejo
	frase preposicional	el coche <u>de María</u>
	oración	el coche <u>que compró María</u>
OBJETO DIRECTO (nivel de la oración)	sustantivo	Juan quiere <u>dinero</u>
	frase nominal	Juan quiere <u>el dinero</u>
	oración	Juan quiere <u>que le mandes el dinero</u>

Hay, sin embargo, dos casos en los que la correspondencia entre tipo de unidad y función sí es unívoca:

a. (en el nivel de la frase) la función sintáctica DIRECTOR siempre está desempeñada por una preposición.
b. (en el nivel de la oración) la función sintáctica PREDICADO siempre está desempeñada por un verbo.

EJERCICIO 17. Identifica el tipo de unidad y la FUNCIÓN sintáctica de los elementos subrayados dentro de las frases que aparecen entre corchetes en las siguientes secuencias:
a. Le compraron [un vestido <u>con muchos volantes</u>].
b. La pata [<u>de</u> la mesa] cojea.
c. Estaban [un poco <u>enfadados</u> con su profesor de literatura].
d. El pianista era [un hombre <u>muy talentoso</u>].
e. Viajaron [<u>muchas</u> veces] a Estados Unidos.
f. Los hijos de los vecinos llegaron [muy <u>tarde</u>].
g. El trabajo consta [de <u>tres partes fundamentales</u>].
h. Hablé [con un hombre de aspecto <u>desaliñado</u>].
i. Echo de menos [<u>aquellos</u> maravillosos años de juventud].
j. Venden [<u>coches</u> de segunda mano].

EJERCICIO 18. Identifica la FUNCIÓN y el tipo de unidad de cada uno de los constituyentes subrayados en las siguientes oraciones:

a. Me pareció injusta tu acusación.
b. Esta semana hemos preparado la documentación.
c. No tires al suelo las mondas de la naranja.
d. Siempre defendieron con firmeza sus ideas.
e. Con ese vestido, parece una estrella de cine.
f. Necesitas un ordenador más potente en tu oficina.
g. En el fondo, el ratero era buena persona.
h. En este mundo, siempre envidiamos a los ricos.
i. Tú a nosotros no nos engañas.
j. Hoy escribiré a Miguel una carta muy larga.
k. Goya pintó a Fernando VII.
l. Esta casa pertenece a mis antepasados.
m. Tus compañeros hablan bien de ti a todo el mundo.
n. Pregunten ustedes a la profesora sobre el examen.

APLICA TUS CONOCIMIENTOS: PROBLEMAS LINGÜÍSTICOS

PROBLEMA 1. La siguiente frase se presta a dos interpretaciones posibles que pueden quedar plasmadas en dos análisis sintácticos diferentes también. Haz la representación de ambos y explica a qué se debe la ambigüedad:

a. dos bocadillos de calamares calientes
   ¿Se da la misma ambigüedad en la frase b.? Justifica la respuesta.
b. dos raciones de pimientos fritos

PROBLEMA 2. Analiza sintácticamente hasta llegar al nivel de la palabra la frase que aparece subrayada en la siguiente secuencia:

Juan llegó cinco minutos después del comienzo de la película

Para hacer este análisis, ten en cuenta que uno de los modificadores de esta frase es equivalente a un adverbio de cantidad ("mucho", "bastante", "poco"), aun cuando no es en sí mismo ni un adverbio ni una frase adverbial.

PROBLEMA 3. En el siguiente soneto, identifica el/los verbo/s principal/ es y el/los verbo/s subordinado/s, e indica por qué están subordinados:

> Mientras por competir con tu cabello
> oro bruñido el Sol relumbra en vano,
> mientras con menosprecio en medio el llano
> mira tu blanca frente el lilio bello;
> mientras a cada labio, por cogello[1],
> siguen más ojos que al clavel temprano,
> y mientras triunfa con desdén lozano
> del luciente cristal tu gentil cuello;
> goza cuello, cabello, labio y frente,
> antes que lo que fue en tu edad dorada
> oro, lilio, clavel, cristal luciente,
> no sólo en plata o víola troncada
> se vuelva, mas tú y ello juntamente
> en tierra, en humo, en polvo, en sombra, en nada.
> (Luis de Góngora; 1561-1625)
>
> 1. cogello: cogerlo

Para resolver este ejercicio, ten en cuenta lo siguiente:

a. En este texto hay solamente un verbo principal.
b. En este texto, hay una construcción comparativa del tipo *Tengo más amigos que Antonio*. Las construcciones comparativas tienen dos partes: primer término (*tengo más amigos*) y segundo término (*que Antonio*). Las construcciones comparativas están formadas por dos construcciones paralelas, la segunda de las cuales solamente contiene los elementos que no tiene en común con la primera. En el ejemplo, el segundo término *que Antonio* no incluye los elementos que tiene en común con el primer término (*tiene, amigos*). Si el segundo término incluyese los elementos que tiene en común con el primer término, la oración sería: *tengo más amigos que Antonio tiene amigos*. En otras palabras, se omiten del segundo término de la comparación los elementos que ya aparecen en el primer término.

PROBLEMA 4. Una de las características del español de Estados Unidos es el cambio de código. Los hablantes bilingües pueden utilizar español e inglés en la misma oración. Sin embargo, la combinación de ambas lenguas no tiene lugar de manera aleatoria, sino que está condicionada por reglas. A continuación, se ofrecen una serie de oraciones en las que el hablante usa tanto español como inglés. Algunas de ellas son aceptables, mientras que otras (marcadas con un *) son inaceptables. Teniendo en cuenta los conocimientos de sintaxis que has adquirido en este capítulo, explica en qué contextos sintácticos es posible el cambio de código y en qué contextos es inaceptable:

> Modelo: *Can I have* un café con leche?
> El cambio de código es posible entre verbo (*have*) y objeto directo (*un café con leche*).

a. El hermano de Andrea es *very hot*
b. *Alba is arguing with* su novio
c. *We went to the mall* y después a cenar
d. Mi jefe *has given me a brand-new cell phone*
e. **He* está muy cansado hoy
f. **El doctor ha *called this morning*
g. **I want a car and I want* lo ahora

PROBLEMA 5. Algunos verbos pueden aparecer en diferentes tipos de oraciones, a veces con diferencias de significado. Compara las construcciones de la columna A con las de la columna B e indica qué diferencias sintácticas existen entre ambas. Haciendo uso de un buen diccionario monolingüe o bilingüe, explica también cuáles son las diferentes semánticas entre ambos pares de oraciones:

A	B
Trató <u>la dolencia</u> con antibióticos.	Trató <u>de la dolencia</u> con erudición.
Ha cumplido <u>20 años</u>.	Ha cumplido <u>con su deber</u>.
Reparó <u>los baches</u>.	Reparó <u>en los baches</u>.
Aspiraba <u>el aroma</u>.	Aspiraba <u>al triunfo</u>.
Mirad <u>al perro</u>.	Mirad <u>por el perro</u>.
Juan pensó <u>una solución</u>.	Juan pensó <u>en una solución</u>.

PARA SABER MÁS

Givón (2001) y Tallermann (2019) proporcionan una visión interlingüística y tipológica de la sintaxis. Para saber más de algún aspecto concreto del capítulo, puedes recurrir a Gutiérrez-Rexach, ed. (2016). En este trabajo, se dedica un capítulo independiente a los siguientes conceptos: clíticos, complementos y objetos, coordinación, gerundio y participio, infinitivo, oraciones de relativo, oraciones interrogativas indirectas y otras estructuras, perífrasis verbales, predicación, "se" y sus valores, "ser" y "estar", sintagma nominal, sintagma verbal y sujetos. Los capítulos que aparecen en el volumen 2, dedicado a las construcciones sintácticas, de Bosque y Demonte (1999) proporcionan un análisis detallado de todos los temas (y muchos otros) que se discuten en este capítulo. Un análisis de la frase en términos semejantes a los que se presenta en este trabajo se puede ver en Rojo y Jiménez Juliá (1989). El término CARACTERI-ZADOR está tomado de Jiménez Juliá (2006). Para una aproximación generativista, se puede consultar D'Introno (2001), Muñoz Basols *et al.* (2017) y Hualde *et al.* (2021).

CAPÍTULO 6

Semántica y pragmática

OBJETIVOS

- Establecer el alcance y diferencias entre el estudio semántico y pragmático del español
- Identificar algunos aspectos básicos del análisis del significado de las palabras: denotación, connotación, campo semántico y campo léxico
- Distinguir las relaciones existentes entre palabras relacionadas en cuanto a su significado, sea este similar o diferente (sinonimia, antonimia, metonimia, etc.)
- Identificar los procedimientos mediante los cuales el significado de una palabra puede extenderse en español a través de usos figurados
- Caracterizar las unidades léxicas en relación con su procedencia temporal, regional y social
- Determinar los resultados del contacto lingüístico sobre el vocabulario y la variedad de fenómenos que dicho contacto produce en la lengua
- Establecer la relación existente entre las formas de tratamiento y otros procedimientos lingüísticos para expresar cortesía en español
- Analizar las formas de expresar identidad, diferencias y relaciones sociales a través del vocabulario y otros recursos expresivos
- Identificar las conexiones entre el mundo que nos rodea y diferentes procedimientos lingüísticos

 Este capítulo está centrado en los principios que regulan el análisis del significado. Consideraremos también el contexto social y la interacción que ayudan a construirlo.

En capítulos anteriores, estudiamos algunos aspectos relacionados con la forma, estructura y configuración de las palabras, así como las relaciones que se establecen entre ellas al combinarse para formar frases y oraciones. Este último capítulo lo dedicaremos a analizar los principios fundamentales del estudio del significado. Para ello, nos centraremos en el significado tal y como este se comprende convencionalmente y se recoge en los diccionarios (semántica), y también en cómo dicho significado funciona en la comunicación entre el hablante y el oyente en un contexto social e interaccional (pragmática). Así pues, al estudiar semántica, consideraremos el significado básico de las unidades lingüísticas, independientemente del contexto en el que aparezcan. Al estudiar pragmática, por su parte, analizaremos el significado centrándonos en aquellos valores que se les asignan a las unidades lingüísticas dentro del contexto y teniendo en cuenta las inferencias o asunciones que hacen los participantes de la interacción comunicativa. Asimismo, trataremos los significados relacionados con los condicionamientos culturales de los hablantes, su identidad personal y su situación en el contexto de la comunicación.

6.1. Semántica

La semántica estudia el significado de las palabras y las combinaciones de palabras. La pragmática considera también el contexto social del significado.

La semántica es la disciplina lingüística encargada de estudiar el significado de las palabras y las combinaciones de palabras. Para comprender el significado, sobre todo en el nivel de la palabra, suele ser útil conocer el origen o etimología de esta, tarea que se acomete, sobre todo, en la historia de la lengua al investigar el origen del significado, así como las causas y circunstancias que rodean los cambios experimentados por las palabras a lo largo del tiempo.

Las palabras que los hablantes tienen a su disposición forman el vocabulario de una lengua.

El vocabulario de una lengua está formado por el conjunto de palabras que los hablantes tienen a su disposición. Al aprender o hablar una lengua, resulta útil reconocer palabras de significado equivalente u opuesto. Igualmente, el análisis semántico nos ayuda a identificar diferentes registros en la escala de formalidad, así como a reconocer los significados connotativos y denotativos de las palabras y construcciones. De este modo, comprendemos cuándo expresamos significados básicos y cuándo añadimos al uso lingüístico contenidos contextuales, opiniones personales o condicionamientos sociales.

Sabemos que el significado y uso de las palabras no se limita a las definiciones que encontramos en los diccionarios, sino que está condicionado también por una serie de factores personales o por las valoraciones de determinados grupos o del conjunto de la sociedad. Como todos esos factores son relevantes para el significado semántico mismo, los consideraremos, sobre todo, en la segunda parte de este capítulo, dedicada al estudio de la pragmática.

A continuación, nos dedicaremos a estudiar algunos de los conceptos más habituales en la semántica del español para comprender mejor cómo estudiar el significado. Dada la naturaleza introductoria de un libro como este, centraremos nuestra atención fundamentalmente en el nivel de la palabra.

6.1.1. Denotación y connotación

La palabra, como signo lingüístico que es, consta de un significante (sonoro o escrito) y un significado (contenido, concepto o idea implicada). Por ejemplo, la palabra "casa" tiene por un lado el significante sonoro ['ka.sa] y el escrito <u>casa</u>, y, por otro, tiene el significado 'edificio para vivir'. El análisis de la palabra es relevante tanto en la morfología, donde hemos visto su estructura interna, como en la semántica, donde la tratamos en lo relativo al contenido o idea que transmite.

 El significado de una palabra se puede referir a propiedades objetivas de las entidades a las que remite o a las entidades mismas (denotación), o a la relación de esas propiedades con aspectos secundarios o subjetivos (connotación).

La denotación es la relación existente entre el significado global de una palabra y dicho significado fuera del contexto del discurso. Puede corresponder a un significado extensional u objetivo (que abarca un conjunto de entidades), o bien intensional o mental (un conjunto de propiedades que comparten esas entidades). Por ejemplo, la denotación extensional de una palabra como "gato" está constituida por el conjunto de gatos que existen en el mundo. La denotación intensional está formada por todas las características compartidas por los gatos: mamífero felino y cuadrúpedo con cola, garras retráctiles, gran flexibilidad y elasticidad, gran cazador, etc.

La connotación, por su parte, es la relación entre una palabra y algunos aspectos secundarios del significado relativos a la actitud, experiencia o valores culturales del hablante. Por ejemplo, en la palabra "gato" forman parte de la connotación su instinto territorial, ser aseado, independiente o inteligente. Las connotaciones pueden ser creadas por un individuo o asumirse de forma colectiva a través de significados socialmente compartidos.

EJERCICIO 1. Decide si las siguientes caracterizaciones semánticas constituyen la denotación o connotación de una palabra:
a. Ave voladora vertebrada con el cuerpo cubierto de plumas que se reproduce por huevos
b. Felino de gran tamaño y pelaje amarillo con rayas negras en el lomo
c. Animal de gran poder de seducción, hermosura y voracidad
d. Reptil sin extremidades, de cuerpo alargado y estrecho, cabeza aplastada y piel escamosa
e. Lugar de vida solitaria, aburrida y de supervivencia adversa
f. El animal más fiel y mejor amigo del hombre
g. Animal demoníaco y con intención de morder y matar con su veneno
h. Mamífero équido de pelo y orejas cortas usado con frecuencia para montar
i. Gran extensión de terreno arenoso con poca vegetación y lluvias
j. Todos los perros del planeta

6.1.2. Semas, campos semánticos y campos léxicos

En el capítulo 3, hemos identificado los rasgos fónicos de los sonidos (i.e., bilabial, oclusivo, sordo) y, en el capítulo 4, hemos trabajado con morfemas (raíces, prefijos y sufijos). De modo similar, en el componente semántico puede ser útil distinguir los diferentes tipos de semas o rasgos mínimos de significado (también denominados propiedades semánticas). Así pues, el SEMA es la unidad más pequeña que podemos identificar al descomponer el significado lingüístico. Por ejemplo, la palabra "gato" tiene como semas 'mamífero', 'felino', 'doméstico', 'de cabeza redonda', 'con patas cortas' o 'de cuerpo flexible'.

Podemos también establecer oposiciones entre palabras según tengan unos semas u otros. En este sentido, la palabra "hora" está formada por los semas [+período temporal] y [+de 60 minutos]. Si sustituimos el sema [+de 60 minutos] por el sema [+de 60 segundos], obtendremos la palabra "minuto" y, si lo reemplazamos por [+de 12 meses], obtenemos la palabra "año".

El SEMA es el rasgo mínimo de significado en semántica.
El CAMPO SEMÁNTICO es un conjunto de palabras de la misma clase (p. ej. sustantivo) que comparten un sema.

Por otro lado, los CAMPOS LÉXICOS son conjuntos de palabras relacionadas entre sí y referidas a un único tema, pero que pueden pertenecer a diferentes clases de palabras. Por ejemplo, el campo léxico de "escuela" incluye palabras como estas: profesor, cuaderno, aprender, escribir, leer, mesa, mochila.

Por su parte, un CAMPO SEMÁNTICO es un grupo de palabras pertenecientes a una misma clase (sustantivos, verbos ...) y que comparten alguno de sus semas. Por ejemplo, el campo semántico de los colores incluye palabras como rojo, azul, marrón, blanco, naranja, verde, violeta, etc.

EJERCICIO 2. Indica si las siguientes listas corresponden a series de semas, campos léxicos o campos semánticos:

a. madre, hijo, abuelo, primo, hermano, amar, proteger, cuidar, monoparental, numerosa

b. herramienta de metal, utensilio de mesa, tiene empuñadura, sirve para cortar, tiene una hoja

c. flor, sembrar, florido, rosa, jardinero, podar, planta, clavel
d. herramienta de metal, utensilio de mesa, tiene mango, sirve para pinchar, tiene dientes
e. silla, mesa, taburete, armario, cama, librería, cómoda, sifonier
f. herramienta, se usa en algunos oficios, tiene mango, sirve para golpear, con cabeza de hierro
g. profesor, alumno, maestra, libro, pizarra, estudiar, aprender, enseñar
h. gato, perro, conejo, gallina, caballo, tigre, león, ciervo
i. mueble, tiene respaldo, sirve para sentarse
j. animal mamífero, hembra, adulto, equino

6.1.3. Las relaciones semánticas: homofonía, homonimia / polisemia, sinonimia, antonimia e hiponimia

Al estudiar el vocabulario, observamos que existen diferentes tipos de relaciones entre las palabras y sus significados, así como entre los significados de unas palabras y los de otras. De este modo, las relaciones entre las unidades léxicas en cuanto al significado pueden ser de diferente naturaleza, según el tipo de proximidad o diferencia existente entre el significante y el significado, así como entre los diferentes significados. El estudio de todas esas relaciones semánticas nos ayudará asimismo a comprender mejor los conceptos CAMPO SEMÁNTICO y CAMPO LÉXICO que presentamos en el apartado anterior.

 Homófonos: Palabras que se pronuncian igual, pero se escriben distinto.

6.1.3.1. Homofonía, homonimia y polisemia

Por un lado, tenemos los términos denominados HOMÓFONOS: se trata de pares de palabras sin relación entre sí que se pronuncian igual, pero se escriben diferente. Esto se debe a que el lenguaje escrito es más conservador que el oral y a que la ortografía actual refleja a veces pronunciaciones más antiguas. Sin duda, la escritura nos permite identificar cambios históricos fosilizados en palabras que, aunque hoy en día se pronuncien igual, tienen diferentes representaciones gráficas. Como indicamos en el capítulo 3, a pesar del carácter en buena medida fonológico de la escritura del español —sobre todo, si lo comparamos con lenguas como el inglés o el francés— la correspondencia entre fonemas y letras es imperfecta:

"echo" (verbo echar) frente a "hecho" (verbo hacer); "abría" (verbo abrir) frente a "habría" (verbo haber); "tuvo" (verbo tener) frente a "tubo" (objeto largo y hueco); "ajito" (ajo pequeño) frente a "agito" (verbo agitar); "¡ay!" (expresión de dolor) frente a "hay" (del verbo haber); "hola" (saludo) frente a "ola" (masa de agua). Asimismo, algunas palabras son homófonas en la variedad latinoamericana estándar, pero no en la europea: "ciego" (invidente) y "siego" (verbo segar); "abrazarse" (estrechar con los brazos) y "abrasarse" (quemarse), "Asia" (continente) y "hacia" (preposición).

En la tabla 6.1 pueden apreciarse, además de los homófonos, los principales pares de palabras según la relación semántica que los vincula.

TABLA 6.1. Las relaciones semánticas en español

Homófonos	Palabras que se pronuncian igual, pero se escriben distinto	hecho/echo
Homónimos	Palabras que se escriben igual sin relación alguna	banco, cola
Palabras polisémicas	Palabras con significados relacionados entre sí	aguja, bota
Sinónimos	Palabras con significado casi igual	cabello/pelo, fiel/leal
Antónimos	Palabras con significados opuestos	frío, caliente
Hipónimos/ hiperónimos	Palabras de significado específico (hipónimos) englobables en otras más amplias (hiperónimos)	gato y animal, rojo y color

Homónimos: palabras que se escriben igual sin relación alguna (banco, cola . . .); palabras polisémicas: con significados relacionados entre sí.

Por otro lado, podemos destacar las palabras HOMÓNIMAS, que se escriben y pronuncian exactamente igual, pero entre cuyos significados no existe relación alguna: "banco" (entidad financiera) y "banco" (lugar para sentarse); o "cola" (extremidad del animal) y "cola" (pegamento). Junto a ellas conviene tratar las palabras POLISÉMICAS, unidades léxicas con significados relacionados entre sí, es decir, con varios sentidos e incluso varias referencias: "aguja" (de coser, de jeringuilla, de reloj), "animal" (ser vivo, persona bruta), "bota" (para el vino, de calzado), "café" (bebida, color, establecimiento), "canal" (de agua, de televisión), "carta" (de escribir, de baraja), "gato" (animal felino, aparato para levantar peso), "hoja" (de planta, de cuchillo, de papel), "naranja" (color, fruta), "pata" (de mesa, de banco, de animal), "ratón" (animal, de ordenador).

Tanto en el caso de las palabras homónimas como en las polisémicas, existe un significante único para el cual existen dos o más significados. No obstante, el principal y único criterio fiable para distinguir palabras homónimas y polisémicas es el etimológico: las primeras tienen orígenes diferentes; es decir, provienen de palabras distintas en etapas previas de la historia del español, mientras que las segundas tienen el mismo origen; remiten al mismo étimo. Así pues, y dado que en este volumen no estudiamos la historia interna de la lengua, no trataremos en mayor profundidad ni practicaremos esta diferencia. De hecho algunos lingüistas (Lakoff y Johnson, 1980) consideran improductivo distinguir ambas relaciones de sentido tanto desde una perspectiva sincrónica como desde el punto de vista del uso que los hablantes hacen de su lengua.

6.1.3.2. Sinónimos

 Sinónimos: palabras con significado casi igual.

Asimismo, conviene destacar los SINÓNIMOS: palabras diferentes que manifiestan una gran semejanza de significado a pesar de que pueden existir contextos en los que ambas palabras no sean intercambiables; o, dicho de otra manera, se trata de dos palabras con la misma referencia, pero no necesariamente el mismo sentido. Constituyen ejemplos de sinonimia pares como acabar/terminar, altura/elevación, barato/económico, cabello/pelo, cama/lecho, cantina/bar, cola/rabo, comprar/adquirir, cumbre/cima, enseñanza/educación, fiel/leal, importe/valor, matar/asesinar, rostro/cara o vivir/habitar. Generalmente, no existen en las lenguas casos de sinonimia absoluta; es decir, pares de palabras que pueden utilizarse indistintamente en todos los contextos. Por ejemplo, aunque "acabar" y "terminar" son posibles en muchos contextos (acaba/termina de comer, he terminado/acabado las clases, se me acabó/terminó la paciencia), en otros casos, solamente se puede utilizar "acabar" (p. ej.: "acabo de salir de clase" y no *termino de salir de clase; o "después de perder a su esposa, se fue acabando poco a poco" y no *se fue terminando poco a poco). Otra diferencia en el espectro de la sinonimia es la que afecta a los eufemismos: términos sinónimos utilizados para evitar una palabra considerada malsonante, inapropiada o evitable: viejo — anciano; borracho — ebrio; asilo — residencia de la tercera edad.

6.1.3.3. Antónimos

 Antónimos: palabras con significados opuestos.

Los ANTÓNIMOS son pares de palabras cuyos significados se consideran opuestos. Dicha oposición puede ser gradual (frío — caliente; negro — blanco), complementaria (muerto — vivo; verdadero — falso) o recíproca (comprar — vender; dar — recibir; entrar — salir).

6.1.3.4. Hipónimos e hiperónimos

 Hipónimos/ hiperónimos: palabras de significado específico (hipónimos) englobables en otras con significado más amplio (hiperónimos).

Finalmente, los HIPÓNIMOS son palabras cuyo significado es específico y acotado, y que pueden englobarse en otras más amplias. Por ejemplo: "gato" o "perro" son hipónimos de "animal". Por el contrario, los HIPERÓNIMOS son palabras cuyo significado es más extenso y engloba al de otras palabras: "animal" es un hiperónimo de "gato", "perro" o "caballo". "Mueble" es un hiperónimo de los hipónimos "mesa", "silla", "cómoda" o "estantería"; "color" es hiperónimo de los hipónimos "azul", "rojo", "amarillo", "naranja" o "verde"; "moneda" es un hiperónimo, y sus hipónimos son "libra", "dólar", "peso", "euro" o "yen".

EJERCICIO 3. En los siguientes pares de ejemplos, indica si las palabras subrayadas son a) homófonas, b) homónimas/polisémicas, c) sinónimas, d) antónimas o e) hipónima/hiperónima:
a. Mi hermano tuvo que irse de repente. / El fontanero vino a arreglar el tubo del desagüe.
b. El perro es el mejor amigo del hombre. / No debes hacer daño a ningún animal.

c. Tengo un perro muy <u>bonito</u>. / No hay nada tan <u>hermoso</u> como la amistad.

d. Ayer se recibió una amenaza de <u>bomba</u>. / El agua llega al depósito gracias a una <u>bomba</u>.

e. Esta computadora es muy <u>cara</u>. / Tiene la <u>cara</u> muy dura.

f. Encontraron al niño perdido todavía <u>vivo</u>. Cuando llegó su padre estaba ya <u>muerto</u>.

g. Ha dado por <u>hecho</u> el acuerdo sin discusión. / <u>Echo</u> mucho de menos a mi madre.

h. La <u>estudiante</u> estaba obsesionada con la nota. / Se fue a casa a estudiar con otra <u>alumna</u>.

i. Tengo una foto en el <u>banco</u> más bonito del mundo. / He ido a pedir un préstamo al <u>banco</u>.

j. Me <u>agito</u> mucho con la injusticia. / El <u>ajito</u> restante sirvió para condimentar las espinacas.

k. No sabemos por dónde <u>subir</u> a la azotea. / El precio del dinero no ha hecho más que <u>bajar</u>.

l. Ten cuidado al cruzar la <u>calle</u>. / Quiero que se <u>calle</u>.

m. No quiere <u>escuchar</u> a nadie. / Con la radio tan alta no puedo <u>oír</u> lo que dices.

n. Agarra siempre el cuchillo por el <u>mango</u>. / La fruta favorita de mi mujer es el <u>mango</u>.

o. El amor es el más <u>bello</u> sentimiento. / Tiene mucho <u>vello</u> en las piernas.

p. Ayer solo pesqué una <u>carpa</u>. / El concierto se celebrará en una <u>carpa</u> cubierta.

q. Ha terminado la temporada de su <u>deporte</u> favorito. / Me encanta jugar al <u>fútbol</u>.

r. La b es la segunda letra del <u>abecedario</u>. / El español utiliza el <u>alfabeto</u> latino.

s. El grupo se fue de <u>gira</u> por América. / Improvisó un torniquete con una <u>jira</u> del vestido.

t. Mi mujer es muy <u>buena</u>. / No soporto la <u>mala</u> educación.

u. Es una mujer muy <u>calculadora</u>. / Para resolver los ejercicios, puedes utilizar la <u>calculadora</u>.

v. La <u>bota</u> le apretaba en la punta. / <u>Vota</u> a quien defienda la igualdad y la fraternidad.

6.1.4. La extensión semántica: significado literal y significado figurado

Acabamos de ver las posibles interacciones entre los significados de las palabras, sea por semejanza o por contraste entre estos. Sin embargo, pueden existir también en el seno de la misma palabra varios significados diferentes. En principio, todas las palabras tienen un significado básico o literal, normalmente referido a una realidad física o concreta. A partir de este y aprovechando la capacidad de evocación propia del lenguaje humano, pueden crearse usos figurados adicionales. Por ejemplo, la palabra "ojo" tiene como significado literal original 'órgano de la vista en el ser humano y en los animales' (DLE). A partir de esa acepción, podemos encontrar significados figurados como 'agujero que tiene la aguja para que entre el hilo' (DLE). Asimismo, la palabra "ojo" puede aparecer en formaciones léxicas como "ojo del huracán" (rotura de las nubes que cubren la zona de calma que hay en el vórtice de un ciclón, DLE).

El significado literal es el original de la palabra y el que, normalmente, aparece primero en los diccionarios.

El significado literal suele ser el primero en surgir en la historia de la lengua, como comprobamos en palabras con claro significado físico, mientras el figurado representa una acepción posterior, relacionada con el primero a través de las metáforas o las metonimias. Es el caso de "boca" ('parte del cuerpo animal situada en la cabeza' o 'entrada a un lugar'). Aun así, algunos significados figurados pueden llegar a ser tan importantes o más frecuentes que los literales e incluso sustituirlos, perdiéndose la conciencia del literal. Asimismo, pueden aparecer significados nuevos por influencia de otra lengua. Por ejemplo, la palabra "banco", que inicialmente significaba 'asiento', a partir del siglo XVI tomó en español el significado de 'entidad financiera' por influencia del italiano.

El significado literal es el que suele aparecer primero en los diccionarios y no permite interpretaciones subjetivas:

Los romanos llegaron a la Península Ibérica en el 218 a. C.

Por su parte, el significado figurado se basa en el uso de metáforas, metonimias, ironías, comparaciones o paradojas:

Me muero por ir al concierto de mañana.

Los significados figurados ayudan a crear una mayor expresividad o aumentan la subjetividad del hablante:

> La noticia cayó como un jarro de agua fría (llegó inesperadamente y causó sensaciones desagradables).
> Su comportamiento me puso entre la espada y la pared (no me dejó opción).
> Perro ladrador, poco mordedor (quien mucho habla, no actúa).
> Tengo mariposas en el estómago (estoy enamorado; tengo ansiedad).
> Perdió la cabeza por aquel chico (actuó de forma poco razonable).
> Es como hablar con una piedra (no escucha a nadie).

 El significado figurado ayuda a crear expresividad o subjetividad, y aparece en las metáforas, frases hechas, proverbios o en la publicidad.

El manejo del lenguaje figurado es de gran utilidad en semántica para interpretar las unidades léxicas, así como para realizar combinaciones específicas de unidades que adquieren significados concretos y diferentes a los habituales. En algunos ámbitos de uso, como la poesía o la publicidad, el lenguaje figurado es fundamental, ya que ayuda a captar la atención del oyente o espectador. Tanto la publicidad como la poesía constituyen medios principales en el (ab)uso de la sugestión, los dobles significados, en su juego entre el literal y el figurado, o para captar la atención del oyente o espectador, entre otros efectos.

El significado figurado es también muy útil para comprender el funcionamiento de las expresiones idiomáticas, que con frecuencia son utilizadas para conseguir dicho efecto en los usos lingüísticos. Entre los ejemplos de usos idiomáticos con significado figurado, tenemos expresiones como "tener vista de águila", "ser un gallina", "ser la oveja negra de la familia", "estar como una cabra", "dar gato por liebre", "verle las orejas al lobo", "ser pan comido", "ponerse como un tomate", "darle la vuelta a la tortilla", "lavarse las manos" o "meter la pata".

El significado figurado aparece asimismo en los llamados PROVERBIOS y frases célebres, que nos ayudan a aprender y reflexionar sobre las condiciones de nuestra vida: *Guardar silencio es más complicado que hablar bien*; *Ojo por ojo y al final todos ciegos*; *Desde lejos todo el mundo es bueno*; *Vísteme despacio que tengo prisa*; *Agua que no has de beber déjala correr*; *Si te caes siete veces, levántate ocho*; *Mi vida es el mensaje*; *Sé el cambio que querrías ver en el mundo*; *Odia el pecado, ama al pecador*; *Vive como si fueras a morir mañana, aprende como si fueras a vivir siempre*; *Los grilletes de oro son mucho peores que los de hierro*.

El principal procedimiento que tienen los hablantes para crear significados figurados es la EXTENSIÓN SEMÁNTICA, gracias a la cual una palabra pasa a usarse con significados nuevos hasta ese momento inexistentes. Las extensiones semánticas de las palabras se consiguen a través de cambios de significado denominados metonímicos y metafóricos. La extensión semántica puede surgir también del contacto lingüístico, como veremos más adelante.

La METONIMIA es la transferencia de significado de una palabra a otra con la que está relacionada o que se le parece: *Es un Monet* (cuadro impresionista); *No hay ni un alma* (persona); *Me voy a tomar una Coca-Cola* (refresco); *Se compró un Mercedes* (coche); *Me tomaré un Jerez* (vino); *Unos salvajes asaltaron la Casa Blanca* (el Gobierno estadounidense); *Almodóvar debería ganar más Óscars* (premios cinematográficos); *¿Puedes mandarme tu celular?* (número de teléfono).

Extensión semántica: una palabra adquiere significados nuevos.
Metonimia: el significado de una palabra se transfiere a otra (un Monet).
Metáfora: se comparan dos cosas/conceptos (es un sol).

Algunas personas confunden las metonimias con las METÁFORAS, en las que se comparan dos cosas o conceptos, pero una de ellas no se nombra: *Tenía el cabello de oro* (rubio); *Las ventanas del alma* (los ojos); *Aquel lugar es un paraíso* (muy bonito); *Está que se sube por las paredes* (desesperado); *Mi amiga es un sol* (muy buena persona); *Aquel político tiene las manos limpias* (no es corrupto); *El tiempo es oro* (muy valioso); *Al presidente le falta un tornillo* (es una persona mentalmente desequilibrada).

EJERCICIO 4. Indica si en las siguientes secuencias domina el significado literal o el figurado y explica por qué:

a. Colón llegó a América en 1492.
b. Me sale el humo por la cabeza de tanto estudiar.

c. Tenía las manos de terciopelo.

d. La boda se celebrará a finales de julio.

e. Piensa en verde (Heineken).

f. La avenida se vio inundada por un mar de gente.

g. El robot aspirador dejó la casa completamente limpia.

h. La profesora es un pozo de sabiduría.

i. La mujer estaba en la primavera de la vida.

j. RedBull te da alas.

k. La barra estaba construida de una aleación de platino e iridio.

l. Aquella familia era un nido de víboras.

m. El presidente debe ser responsable de sus actos.

n. El hombre perdió la cabeza por su amante.

o. Su hija se quedó petrificada.

p. Los niños salen del colegio a las cinco de la tarde.

q. Destapa la felicidad (Coca-Cola).

r. Los últimos meses han sido una montaña rusa de emociones.

6.1.5. La creación de vocabulario a lo largo del tiempo: palabras patrimoniales, cultismos, arcaísmos, préstamos, neologismos y cognados

Acabamos de ver que existen diferencias y parecidos entre el significado de unas palabras y otras, y que la misma palabra puede presentar varios significados según diversas circunstancias. Hemos etiquetado todas estas diferencias y explicado las razones o diferencias de uso entre unos tipos de palabras y otros.

Sin embargo, en la clasificación del vocabulario es asimismo relevante organizar las palabras según el origen y razones históricas que han llevado a su creación y difusión, además de conocer su relación con otras lenguas. Por todo ello, nos dedicaremos ahora a establecer la importancia histórica de las palabras y cómo se han incorporado a la lengua española.

 Palabras patrimoniales: se tomaron del latín en la Edad Media.

La mayor parte del léxico del español tuvo su origen en el latín, lengua a partir de la cual se configuró el castellano a principios de la Edad Media y de la cual procede aproximadamente el 70 % de las palabras. De esta procedencia son las PALABRAS PATRIMONIALES, entre las cuales se encuentran: "piedra", "pie", "ojo", "leche", "obra", "huevo", "soltero"."piedra", "pie", "ojo", "leche", "obra", "huevo" o "soltero." En la tabla 6.2, puede verse su relación con otros tipos de palabras creadas en otros momentos o situaciones sociohistóricas.

TABLA 6.2. La creación de vocabulario a lo largo del tiempo

Palabras patrimoniales	Surgidas en la Edad Media del latín	piedra, ojo, soltero
Cultismos	Tomadas más tarde del griego y latín para ideas que no existían previamente	praxis, currículum, corpus, lapsus
Arcaísmos	Palabras recuperadas que ya no se usan	mas, hueste, empero
Préstamos	Palabras tomadas de otra lengua	albañil, jamón, gurú, golf
Neologismos	Palabras de incorporación reciente	dron, desescalada, nudista
Cognados	Pares de palabras parecidas y con el mismo significado en dos lenguas	detail y detalle, project y proyecto

Sin embargo, en español encontramos también infinidad de palabras que no proceden directamente del latín. Muchas de ellas son préstamos que se toman de otras lenguas que estuvieron en contacto con el español en algún momento de su historia o que todavía lo están en la actualidad: "guerra" (lenguas germánicas), "almohada" (árabe), "tomate" (náhuatl), "papa" (quechua), "tiburón" (guaraní), "huracán" (lenguas caribeñas y arahuacas), "hardware" (inglés).

 Cultismos: palabras tomadas directamente del griego y el latín cuando el español ya se había configurado para conceptos que no existían.

Además, debemos considerar otros fenómenos de naturaleza histórica fundamentales para la semántica y la creación del léxico. Los CULTIS-MOS son palabras tomadas directamente del griego y el latín, las lenguas "de cultura" a las que históricamente se ha acudido en español para crear voces para las que no existía un término anteriormente. Son ejemplos de cultismos: "praxis", "currículum", "corpus", "fórum", "maremágnum", "lapsus." Muchos de estos términos han sufrido alteraciones fonéticas menores; en esos casos, a veces se denominan SEMICULTISMOS.

Los dobletes etimológicos están formados por un cultismo y una palabra patrimonial.

En algunos casos, hablamos de la existencia de DOBLETES ETIMOLÓ-GICOS, en los cuales una de las palabras o bien no presenta diferencias o solo una leve evolución del latín, y la otra ha sufrido más cambios fonéticos y semánticos: caldo y cálido (latín 'calidus'), contar y computar (lat. 'computare'), cosa y causa (lat. 'causa'), delgado y delicado (lat. 'delicatus'), soltero y solitario (lat. 'solitarius').

EJERCICIO 5. Indica si las siguientes palabras son ejemplos de palabras patrimoniales, cultismos o dobletes etimológicos:

a. ajo
b. amígdala/almendra
c. amplio
d. captar/catar
e. cátedra
f. clavícula
g. corteza
h. décimo/diezmo
i. derecho
j. espátula
k. estrecho
l. hijo
m. laico/lego
n. lleno
o. lobo
p. malicia/maleza
q. materia
r. oreja
s. pozo
t. referéndum
u. rotundo/redondo
v. título/tilde
w. vínculo

Los arcaísmos son palabras que ya no se usan, recuperadas para aludir al pasado.

Los ARCAÍSMOS son palabras que ya no tienen uso en la actualidad, recuperadas a veces para recrear el pasado o aludir a tiempos pretéritos.

Entre los arcaísmos del español, encontramos términos como "mas" (pero), "hueste" (ejército), "cuita" (pena), "acullá" (más allá), "ayuntadas" (reunidas), "cuasi" (casi), "empero" (pero), "entrambos" (ambos), "fidalgo" (hidalgo), "recrecer" (aumentar) o "yantar" (comer). Algunos arcaísmos pueden, sin embargo, haberse fosilizado e integrado en alguna área en la que se habla español. Por ejemplo, en México, es normal usar el arcaísmo "platicar" en lugar del más general "conversar", o "alberca" en lugar de "piscina".

 Los préstamos son palabras tomadas de otra lengua por contacto lingüístico.

Los PRÉSTAMOS son palabras tomadas de otra lengua como resultado del contacto lingüístico con esta en algún momento de la historia. La causa principal de su aparición es el prestigio que la otra lengua tiene o tuvo en el momento del préstamo. En su integración en la estructura de la lengua receptora, se pueden producir alteraciones fónicas y morfológicas, que pueden reflejarse en la ortografía del español o no. Son ejemplos de préstamos "albañil" (árabe), "jamón" (francés), "tifón" (mandarín), "gurú" (hindi) y "golf" (inglés). A los préstamos nos referiremos de nuevo a continuación para distinguirlos de otros resultados del contacto lingüístico.

 Los neologismos son palabras de incorporación reciente: "dron", "nudista", "desescalada".

Los NEOLOGISMOS son palabras de creación reciente o acepciones nuevas de palabras ya existentes en la lengua. Son ejemplos de neologismos en español: "dron", "friki", "meme", "desescalada", "tuit", "trekkie", "telegrama", "nudista" y "confinamiento perimetral". Los neologismos, a veces, funcionan también en otro nivel de análisis como préstamos.

 Los cognados son pares de palabras muy parecidas y con idéntico significado en dos lenguas.

Finalmente, denominamos COGNADOS a pares de palabras que tienen semejanza fónica y poseen generalmente el mismo significado en una lengua y otra, debido a su origen etimológico común, aunque suelen haber experimentado pequeños cambios o adaptaciones fonéticas diferentes en cada lengua. Son ejemplos de cognados en español e inglés pares como "detail" y "detalle", "family" y "familia", "music" y "música", "project" y "proyecto".

EJERCICIO 6. Indica si los siguientes términos deben considerarse ejemplos de arcaísmos, préstamos, neologismos o cognados:

a. arte: art
b. chatear
c. cobertor
d. convidar
e. computadora
f. empero
g. fidalgo
h. fierro
i. fuselaje

j. gol
k. googlear
l. hardware
m. hobbie
n. isla: isle
o. máster
p. melodía: melody
q. nación: nation
r. oenegé

s. opción: option
t. poliamor
u. postureo
v. seropositivo
w. viral
x. visionar
y. yan

6.1.6. La identidad en el vocabulario: jerga y tipos de argot

 Los acortamientos son palabras más breves que indican afectividad.

El vocabulario que utilizamos es uno de los elementos que manifiesta nuestra identidad, tanto personal como social, así como la relación que mantenemos con nuestros oyentes. Ejemplos de este comportamiento son el uso de palabras abreviadas o ACORTAMIENTOS para señalar afectividad o coloquialidad ("profe" en lugar de "profesor", "bici" en lugar de "bicicleta", "mates" en lugar de "matemáticas") o FORMAS DE TRATAMIENTO afectivas ("mamá", "tata" o "papi").

 Se consideran argot las palabras de un grupo profesional o social. Puede asociarse con un país y constituir vocabulario dialectal.

El ARGOT es el lenguaje propio de un grupo profesional, social o de procedencia determinada. Cuando el lenguaje a que da lugar es de tipo técnico, esta variedad se denomina JERGA y, a veces, algunos elementos

léxicos de argot acaban siendo incorporados al vocabulario convencional. He aquí algunos ejemplos: "pasma" (policía), "camello" (proveedor
de droga), "fiambre" (cadáver), "tranza" (estafador), "choncho" (gordo),
"güey" (individuo), "pibe" (persona joven), "chela" (cerveza), "chamba"
(trabajo).

Algunos de los términos de argot son típicos o se asocian con determinadas zonas o países del mundo hispanohablante, como indican algunos de los términos anteriores: "chela" (México), "tío" (España), "pibe"
(Argentina, Bolivia), "güey" (México). Por eso, podemos decir también
que se trata de VOCABULARIO DIALECTAL. Si bien en el nivel léxico
es donde con más facilidad se pueden reconocer elementos dialectales,
en realidad, se pueden encontrar estos rasgos también en los niveles
fonético-fonológico (como vimos en el capítulo 3), morfológico (p. ej.:
formas de tratamiento como *vos* en Argentina y Uruguay o "vosotros"
en España) y sintáctico (p. ej., las preguntas sujeto-verbo en variedades
caribeñas: "¿Qué tú quieres?"), entre otros.

Sin embargo, los elementos léxicos que hemos denominado ARGOT
cumplen también la función de ayudar a construir la identidad social
de los hablantes. Entre los múltiples ejemplos de argot, podemos citar
la variedad existente en Buenos Aires y procedente del lunfardo, que ha
venido sirviendo para manifestar empatía con las personas que pertenecen a este grupo social o con lo que dicho grupo representa. Palabras
como "atorrante" (vagabundo), "boludo" (idiota), "capo" (líder), "curro"
(pseudotrabajo, timo) o "cana" (policía) son ejemplos de ese argot. Como
podemos comprobar, algunos de los términos anteriores han acabado
incorporándose al léxico informal regional, e incluso a otras variedades
coloquiales del español.

Aunque de un origen bien distinto, observamos que algo similar
sucede con el caló, variedad que identifica a la comunidad gitana, y que
se ha conservado a lo largo de los siglos, extendiéndose a otros grupos
sociales, tanto en España como en Latinoamérica. Entre los ejemplos
de esta jerga léxica, encontramos palabras del español como "chaval"
(niño; joven), "molar" (gustar), "pirarse" (fugarse) o "biruje" (frío). Todos
los ejemplos anteriores se han incorporado al castellano coloquial de
diferentes regiones fuera de la comunidad gitana, si bien no todos los
ejemplos existentes del argot gitano se han adoptado en la lengua informal de modo generalizado.

La jergas o variedades profesionales se utilizan en el contexto técnico.

En general, los estudiantes que aprenden español como segunda lengua no adquieren las jergas, a no ser que tomen clases específicas de español para negocios, español médico o cursos similares. Entre los hablantes de español como primera lengua, sin embargo, existe la necesidad de conocer los rasgos básicos de estas para poder interactuar de forma eficaz en esos contextos o al hablar con profesionales de los gremios correspondientes.

EJERCICIO 7. Indica si las siguientes palabras son ACORTAMIENTOS, ARGOT POPULAR/CALÓ o JERGA PROFESIONAL:

a. aerofagia
b. amputación
c. andamio
d. autolisis
e. bibe
f. birlar
g. boli
h. boludo
i. brecha en el rendimiento
j. chachi
k. chévere
l. cíber
m. coca
n. cole
o. compu
p. dolo
q. guay
r. lapso de atención
s. lectoescritura integrada
t. limpia
u. litigio
v. mani
w. molar
x. muestreo
y. nicho de mercado
z. parálisis cerebral
aa. payo
bb. pensión alimenticia
cc. pirarse
dd. pibe
ee. poli
ff. potra
gg. profe
hh. resistencia cardiovascular
ii. sobar
jj. tranqui
kk. trastorno de conducta
ll. vaina

6.1.7. Léxico, semántica y contacto lingüístico

Como hemos dicho, la inmensa mayoría de las palabras del español tienen su origen en el latín, y casi una tercera parte procede de otras lenguas. Entre estas últimas, se encuentran los préstamos, que ya hemos tratado por contraste con las palabras patrimoniales y los cultismos. Sin embargo, los préstamos son únicamente uno de los resultados lingüísticos del contacto entre los idiomas. En muchas ocasiones, los préstamos sirven para denominar realidades nuevas o no conceptualizadas anteriormente, y constituyen lo que también llamamos NEOLOGISMOS, que son, en buena medida, resultado de cambios en la estructura cultural, tecnológica, política y económica de las sociedades, y por tanto sirven para denominar realidades nuevas para las que no existían términos en la lengua en cuestión. Ejemplos de neologismos son las palabras que la tecnología nos ha hecho incorporar en nuestro vocabulario: "deuvedé", "selfie" o "wifi". Así pues, muchos neologismos son al mismo tiempo PRÉSTAMOS. Dichos términos pueden entrar de modo generalizado en una lengua, en cuyo caso se denominan préstamos culturales ("tomate", "patata", "software", "fútbol"), pero pueden ser también resultado de procesos no plenamente consolidados de incorporación de palabras nuevas en competencia con formas autóctonas ("sándwich" y "bocadillo", "clocha" y "embrague", "básquet" y "baloncesto", "bildin" y "edificio", "bil" y "factura").

 Los préstamos son palabras tomadas de otras lenguas por contacto lingüístico cuando el español ya estaba configurado.

 En las extensiones semánticas, una palabra adopta el significado de otra muy similar en una lengua diferente.

Sin embargo, los efectos del contacto lingüístico son mucho más diversos y pueden afectar a múltiples planos de la estructura lingüística. En la tabla 6.3, pueden verse los principales fenómenos que afectan al vocabulario. En lo que se refiere a este plano, debemos también destacar la EXTENSIÓN SEMÁNTICA, proceso por el cual dos palabras cognadas con significados diferentes adoptan el mismo significado. Por ejemplo, "librería" en español y "library" en inglés son dos palabras cognadas con significados diferentes. En la primera se venden libros, mientras que en la segunda se prestan libros. Cuando se utiliza "librería" con el significado de "library", tiene lugar la extensión semántica de la palabra "librería". En estos casos, se produce un calco del significado de la palabra del inglés "library". Otros ejemplos de extensiones semánticas del inglés al español son los siguientes: "asignación" (cuando adquiere el significado de "assignment" en inglés), "introducir" (cuando adquiere el significado de "to introduce") o "aplicación" (con el significado de "application").

TABLA 6.3. Algunos efectos del contacto lingüístico sobre el léxico

Préstamo	Palabra que entra en la lengua por contacto lingüístico	tomate, software, albañil
Extensión semántica	Significado nuevo adoptado por una palabra como resultado del contacto	librería (lugar donde se prestan libros)
Calco (sintáctico)	Adaptación de una estructura de otra lengua que se traduce palabra por palabra	tener un buen tiempo, correr por oficina
Alternancia de código	Combinación secuencial de estructuras de dos lenguas	If you want me to, te llamo mañana

 Los calcos (sintácticos) son construcciones que reproducen la estructura sintáctica de otra lengua.

El contacto puede llevar también a tomar no el significado de otra palabra, sino a realizar una traducción literal de determinada construcción, con frecuencia aprovechando la existencia de palabras o esquemas similares en la lengua de llegada. Es lo que denominamos un CALCO (SINTÁCTICO): "tener un buen tiempo" (to have a good time), "estar supuesto de" (to be supposed to), "escuela alta" (high school), "viaje redondo" (round trip), "correr por oficina" (to run for office).

 La alternancia de código es la combinación alternativa de estructuras de una lengua y de otra.

El contacto entre lenguas puede llevar asimismo a intercambiar estructuras o secuencias entre un idioma y otro en el mismo acto de

habla. Es lo que se suele llamar INTERCAMBIO / ALTERNANCIA DE CÓDIGOS:

I'll start the sentence in English y la acabo en español.
If you want me to, te llamo mañana.
I didn't plan it that way, pero ahora me gusta.

EJERCICIO 8. Decide si los ejemplos en cursiva que figuran a continuación son préstamos, extensiones semánticas, calcos sintácticos o alternancias de código:

a. Another coat y ya está.
b. No espere, aplique hoy.
c. Aquí está my new car.
d. Atendí la escuela en Chile.
e. Se construyó un chalé.
f. Es miembro de un club.
g. Fui al colegio en Princeton.
h. Muchos latinos van a correr por oficina.
i. Es unfair.
j. No fui a la escuela alta, solo tengo quinto grado.
k. Eso es terrific.
l. Tienes que hacer una decisión.
m. La hora feliz empieza a las cinco.
n. Esta es la bolsa del lonche.
o. Su hermano es el mayor de Houston.
p. No es safe.
q. No way de pagar.
r. Su coche está en el párking.
s. Me gusta la pizza.
t. No soy familiar con la canción.
u. Sabe taipear sesenta palabras por minuto.
v. Hoy tuvimos un buen tiempo en la fiesta.
w. La tienda de groserías está cerca.
x. Esta es mi troca.
y. Precio por persona por el viaje redondo.

6.2. PRAGMÁTICA

La pragmática se ocupa de estudiar el significado de la lengua en el contexto de la comunicación. Desde esta perspectiva, lo importante es comprender el significado otorgado por los hablantes al enunciado teniendo en cuenta el contexto y la intención comunicativa. Por ello, es fundamental considerar tanto las unidades lingüísticas precedentes como las condiciones sociales de los comportamientos lingüísticos; el conjunto de estos factores constituye lo que denominamos contexto comunicativo.

El significado lingüístico puede estudiarse también mediante el análisis de las intenciones del hablante al utilizar las estructuras lingüísticas que usa y su adecuación a las normas de comportamiento e interacción social con las demás personas.

La capacidad del hablante para transmitir sus pensamientos de modo eficaz se concreta en lo que en el capítulo 1 hemos denominado competencia lingüística y competencia comunicativa. A través de ambas, hacemos llegar nuestro mensaje más allá de su literalidad. A continuación, estudiaremos algunos conceptos y análisis básicos de esa expresión de significados transmitidos socialmente a través de la lengua.

6.2.1. Formas de tratamiento y cortesía

Las FORMAS DE TRATAMIENTO (tú, usted; vos; ustedes, vosotros) nos sirven para movernos con el interlocutor en el eje respeto/familiaridad.

Un ejemplo claro de la importancia de la competencia comunicativa podemos encontrarlo en el dominio y utilización de las formas de tratamiento pronominales en español. El español general posee dos formas de referirse al interlocutor, dependiendo de si la relación entre hablante y oyente es de solidaridad o de poder: una de ellas se utiliza para expresar solidaridad y, por lo tanto, para tratar a las personas que sentimos más próximas, y la otra en las relaciones de poder para dirigirnos a quienes sentimos personalmente más distantes. "Tú" es la forma más frecuente en el mundo hispánico para expresar solidaridad con el interlocutor, mientras que "usted" se utiliza normalmente en contextos en los que existe una relación de poder. Sin embargo, en numerosas variedades del español latinoamericano actual, se utiliza la forma "vos" para marcar relaciones de mayor proximidad que "tú". La distribución de "vos" y "tú" entre los hablantes puede variar según la clase social y se documenta tanto en Centroamérica (Guatemala, El Salvador o Costa Rica, entre otros países) como en la mayor parte de la Sudamérica hispanohablante (desde Colombia, Perú, Ecuador y Bolivia hasta Paraguay o Chile). En el español rioplatense, la forma "vos" se ha instalado en el estándar oral e incluso en la lengua escrita como principal forma de tratamiento para expresar proximidad.

Del mismo modo, mientras el castellano de España distingue en el tratamiento plural entre "ustedes" y "vosotros", en el español general de Latinoamérica, la forma "ustedes" se utiliza tanto para referirnos a quienes sentimos próximos como para dirigirnos a quienes tratamos con respeto o distancia. En la tabla 6.4 puede verse la asociación entre cortesía y formas de tratamiento en diferentes latitudes del mundo hispánico. Estas pautas generales, como tantos otros aspectos de la lengua, no funcionan de forma dicotómica: se trata de criterios de comportamiento que los hablantes con frecuencia adaptan inconscientemente de maneras innovadoras en la interacción social. Sin embargo, en particular en las clases de español como segunda lengua, se enfatiza esta dicotomía entre solidaridad (tú) y poder (usted) para que los estudiantes sean conscientes de su existencia y de la necesidad de incorporarla a su aprendizaje pragmático del español, ya que convierte su repertorio comunicativo en más amplio y próximo al de los hablantes de español como primera lengua.

TABLA 6.4. Formas de tratamiento y cortesía en español

singular	plural	
tú, vos (LA)	vosotros (E) ustedes (LA)	sin cortesía
usted	ustedes	con cortesía

La cortesía sirve para mitigar la tensión de un posible conflicto en la interacción entre personas. Además de las formas de tratamiento, podemos utilizar expresiones impersonales, el tono de voz, uso de "por favor", la ironía o marcadores discursivos como "que yo sepa".

Llamamos CORTESÍA a las estrategias comunicativas destinadas a mitigar las tensiones de un posible conflicto en la interacción entre personas. Las formas de tratamiento constituyen una de las principales y más obvias manifestaciones de la cortesía. En español, como hemos mencionado, nuestra posición de proximidad, respeto o identidad en relación con el oyente puede manifestarse a través de formas de tratamiento diferentes. Sin embargo, la cortesía es un fenómeno más general, que se puede apreciar a través de diferentes manifestaciones lingüísticas. Entre ellas se encuentran, en español, el uso de la forma *se* en diferentes contextos verbales. Por ejemplo, ante la imposición o conflicto que puede suponer un mandato como "sal de aquí", en español podemos utilizar expresiones menos impositivas como *No se puede estar aquí*. Otras opciones son *No puede(s) estar aquí* o *Está prohibido estar aquí*. Si bien la cortesía no solo está relacionada con las formas de tratamiento, estas pueden desempeñar un papel importante, al igual que la forma pronominal "se".

 Existen variaciones en el uso de la cortesía según la región, el sexo, la clase social o el nivel educativo.

La cortesía es un principio universal, pero las manifestaciones concretas de esta varían de unas lenguas a otras. Mientras los hablantes de español introducen ciertos tipos de entonación para mitigar un mandato, el inglés puede requerir elementos léxicos o gramaticales específicos. Confróntense las diferentes entonaciones con que puede usarse en español *Cierra(s) la puerta, (por favor)* con *Shut/Close the door, please* o *Would you close the door, (please)?* Del mismo modo, para mostrar cortesía, podemos utilizar también marcadores discursivos que mitiguen la asertividad, como los siguientes: "en realidad", "que yo sepa", "hasta cierto punto", "mirándolo bien" o "lo que pasa es que". Además de variaciones regionales, la cortesía puede ser también utilizada de modo diferente según el género, la clase social o el nivel educativo del hablante. El humor y la ironía son igualmente recursos adicionales para mitigar la invasión de la esfera privada de nuestro interlocutor, relativizando la importancia y seriedad de nuestras palabras.

EJERCICIO 9. Indica si las siguientes secuencias transmiten algún significado de cortesía en español e indica qué estructuras contribuyen a transmitir dicho significado:

a. ¿Le importaría pasarme el agua?
b. Cierra la puerta.
c. Deja de quejarte.
d. Déjame en paz, por favor.
e. Encantado de conocerte.
f. Hoy tienes el día cruzado.
g. Lo saluda atentamente.
h. Llámame cuando llegues.
i. Mándame tu teléfono.
j. Nos complace anunciar el ganador.
k. Quiero saber la verdad.
l. Quisiera la cuenta.
m. Será un placer atenderle.
n. Si no le molesta, cierre la puerta.

6.2.2. Estilos o registros

 En nuestros usos lingüísticos, podemos diferenciar un estilo formal de otro coloquial o familiar.

La relación entre los hablantes no se construye en el vacío, sino que depende de diferentes factores sociolingüísticos relacionados con la situación comunicativa. Ya hemos indicado que, en lenguas como el español, la forma "tú" marca familiaridad mientras "usted" indica respeto. Sin embargo, pueden existir otros factores adicionales que lleven a usar la forma de familiaridad, entre ellos, la confianza entre los interlocutores, que puede condicionar el uso según el contexto comunicativo y social en que se encuentren. Por ejemplo, en una entrevista a la presidenta del Gobierno, se esperaría que un periodista usase la forma "usted" ante las cámaras; sin embargo, en caso de haber una amistad o relación personal previa, en zonas no-voseantes, sería común el tratamiento de "tú"

mientras conversan privadamente en un bar y las cámaras no están presentes. Así pues, contexto, familiaridad y cortesía condicionan las elecciones lingüísticas realizadas en la comunicación, cuyos usos se encuentran condicionados por múltiples factores pragmáticos.

Podemos establecer un continuo entre los estilos: formal, semiformal, coloquial, seminformal, claramente informal y vulgar.

Asimismo, podemos establecer una escala de estilos o registros que van desde el estrictamente formal al vulgar, pasando por un continuo en el que existen el nivel semiformal, el coloquial, el seminformal o neutro, y el claramente informal. Esta gradación puede no estar disponible o ser habitual en una serie de contextos o interacciones comunicativas concretas. Sin embargo, podemos verla en alguna forma en situaciones donde el eje formal-coloquial está socialmente condicionado y es habitual. Del mismo modo que mucha gente cambia su forma de vestir de acuerdo con la situación, podemos decir que las personas modifican su comportamiento verbal según las personas con quienes están interactuando.

EJERCICIO 10. Decide si los ejemplos siguientes pertenecen a uno de estos grupos de registros: a) formal, b) neutro y coloquial, c) vulgar:
a. Es una teja de persona.
b. A otro perro con ese hueso.
c. El acusado puede tomar asiento.
d. El código del electrodoméstico se encuentra en la placa.
e. El trabajo de las mujeres está menos reconocido.
f. Es por esta razón que me pongo en contacto con ustedes.
g. Eso es pan comido.
h. Habiéndose cumplido las previsiones legales, se expide esta certificación.
i. Han cortado cientos de árboles.
j. Haz esa vaina.
k. Introduzca el nombre en mayúsculas.
l. La incidencia de casos sigue subiendo.
m. Los datos proporcionados serán tratados confidencialmente.
n. Mi jefe es un gilipollas.

o. Me ha dejao tirao el tío ese.

p. Mi libro de cuentos saldrá pronto en DVD.

q. Tu amigo tiene cola de paja.

r. Salían a mear afuera.

s. Quisiera transmitirle mi descontento con su empresa.

t. Pero ¡será cabrón!

u. ¿Qué onda, güey?

v. Sos un pelotudo de mierda.

w. Tienen la gran satisfacción de anunciar que hoy ha nacido su hija.

x. Verifique si el orden de las acciones es el adecuado.

6.2.3. Deíxis y discurso

 La deíxis permite al hablante situarse en relación con el mundo circundante.

La deíxis es el fenómeno pragmático que permite al hablante situarse en relación con los componentes del acto comunicativo (receptor, mensaje, tiempo, lugar, entre otros). La marcación que realizamos a través de la deíxis puede realizarse con respecto a distintos referentes.

 Existen varios tipos de deíxis: a) social, b) personal, c) de lugar, d) de tiempo, e) discursiva.

La DEÍXIS PERSONAL sirve para que situemos nuestra identidad personal frente al otro. Ejemplo de este tipo de deíxis es la diferenciación entre primera, segunda y tercera persona (yo, tú, ella/él). La DEÍXIS SOCIAL nos permite situarnos en nuestra relación con el interlocutor y se manifiesta, entre otros procedimientos, a través de formas de tratamiento como "tú" y "usted". En relación con esta, tenemos la DEÍXIS DE LUGAR, que diferencia lugares según la proximidad con el hablante: "aquí", "ahí", "allí"; las manifestaciones de estas categorías pueden variar de una lengua a otra (por ejemplo, el inglés posee solo dos términos "here" y "there", frente al español, que tiene tres). La DEÍXIS DE TIEMPO nos permite situarnos en relación con el momento en que hablamos o nos encontramos (p. ej.: antes, ahora, después). En relación con estos dos últimos tipos de deíxis, tenemos la DEÍXIS DISCURSIVA, que utiliza referencias anafóricas, es decir, referencias que han aparecido previamente en el discurso, (p. ej.: *Como hemos dicho al principio, llegué con Julián, pero me voy sin él*) y catafóricas, referencias que aparecerán en el discurso más adelante (*Este tema se desarrollará más abajo*).

EJERCICIO 11. Identifica los tipos de deíxis que expresan las expresiones subrayadas en los siguientes ejemplos:
a. A continuación, emitiremos la película.
b. Ahí tienes el dinero.
c. Llegamos anteayer.
d. Aquí está tu casa.
e. La respuesta está más arriba.
f. Me casé el año pasado.
g. Ella es única.
h. El capítulo 6 es el último.
i. En ese lugar me caí.
j. La semana próxima viajaré a Galicia.
k. Más adelante se arrepintió de su mentira.
l. Más allá hay otra casa.
m. Llegaremos pronto.
n. Su señoría lo sabe.
o. Vos sos mi amigo.

 Los marcadores discursivos (oye, así pues, en este sentido, etc.) aportan cohesión narrativa y expresiva a la lengua, tanto en su variedad oral como escrita.

Finalmente, destacaremos en este último capítulo que el español, al igual que otras lenguas, posee recursos para aportar coherencia al discurso que producimos. Estos recursos cohesivos suelen manifestarse de modo diferente o con desigual intensidad en un texto académico, en una conversación oral o en un texto literario. Estos recursos tienen su origen en elementos léxicos (p. ej.: hombre, oye) y gramaticales (así pues, sin embargo), que adquieren valores discursivos al expresar la percepción del hablante en lo que respecta a cómo se conectan las oraciones en el discurso. Estas unidades se conocen como MARCADORES DISCURSIVOS o PRAGMÁTICOS. En general, la lengua formal y el discurso argumentativo opta por utilizar marcadores como los siguientes: sin embargo, asimismo, por consiguiente, a la luz de estos hechos, en este sentido, de modo que. Los niveles de cohesión discursiva, como hemos dicho, dependen del hablante, del contexto en que este se encuentra, de su estado mental o de su vivacidad comunicativa en ese momento concreto.

El dominio de los recursos discursivos diferencia a unos hablantes de otros según su entrenamiento específico en técnicas de expresión oral o escrita, así como según su capacidad para dominar diferentes tipos de escritura. Esta habilidad se une al dominio que del vocabulario adquiere cada hablante, además de su pericia con la comunicación no verbal y su creatividad personal. Todos estos factores se suman, en el caso de quienes la están adquiriendo como segunda lengua, al nivel de competencia y dominio de dicha lengua respecto a sus lenguas maternas. Para conocer y tratar en profundidad esta cuestión, se recomienda al lector adentrarse en cursos de sociolingüística, escritura creativa y competencia sociocultural, para así conocer en profundidad las reglas de la conversación en el mundo hispánico y sus múltiples situaciones de multilingüismo. Todas ellas son deseables y recomendables como continuación a este manual introductorio a la lingüística hispánica.

APLICA TUS CONOCIMIENTOS: PROBLEMAS LINGÜÍSTICOS

PROBLEMA 1. En el *Diccionario ideológico de la lengua española* de Julio Casares (p. 150), aparece la siguiente lista de palabras relacionadas: "soberano", "rey", "jefe", "gobernador", "señor", "amo", "tirano", "tiranuelo", "déspota", "autócrata", "dictador", "absolutista". ¿Qué diferencias de significado existen entre ellas? ¿Qué factores podrían llevar a utilizar una u otra y en qué contextos crees que aparecerían? ¿Se trata de factores de tipo semántico o intervienen también cuestiones pragmáticas o socioculturales? Razona tu explicación.

PROBLEMA 2. Lee las siguientes secuencias, tomadas del *Corpus del español* de Mark Davies, en las cuales aparece la forma verbal "cogió" y ofrece una clasificación de los usos del verbo "coger" en español. Ayúdate de las acepciones que aparecen en el Diccionario de la Lengua Española de la RAE, y considera a cuáles corresponden los usos que siguen.

Considera también el uso que este verbo tiene en el español coloquial de algunos territorios latinoamericanos. ¿Crees que existe la posibilidad de que alguna de las siguientes expresiones se preste a confusión con ese uso coloquial latinoamericano?

a. El hombre trabajó en una compañía de transporte público hasta enero, cuando se <u>cogió</u> la baja médica.

b. Se ha mostrado muy sólido durante toda la semana, pero su juego <u>cogió</u> un impulso definitivo con su victoria.

c. Cuando Nico Terol <u>cogió</u> la moto, lo hizo en la 51.ª posición y no tardó en meterse dentro.

d. El nuevo entrenador del San Fernando CD, Tito García Sanjuán, <u>cogió</u> el lunes las riendas del equipo azulino.

e. Milímetro de su hoja de ruta, más allá del lógico enfado que se <u>cogió</u> después de semejante ridículo.

f. Samantha ahogó a los pequeños Jake y Chloe de 23 meses tras lo cual <u>cogió</u> su coche y lo estrelló.

g. Exigió el torero de Beziers. La labor, basada en la mano derecha, <u>cogió</u> temperatura con el galo ligando los pases en un palmo de terreno.

h. Faenó sin relieve y poca limpieza el torero francés, que no le <u>cogió</u> el aire a un toro siempre incómodo

i. Esta reivindicación <u>cogió</u> fuerza después de que Bruselas vetara la fusión entre las empresas.

j. Neff empezó muy fuerte y rápidamente <u>cogió</u> distancia con respecto a sus perseguidoras.

k. Así que este hombre <u>cogió</u> a la enfurecida novia y juntos se fueron a su despacho.

l. Bernal, que <u>cogió</u> este viernes el primer puesto, quiso hablar en plural del ciclismo colombiano.

m. El balón <u>cogió</u> un efecto globo y Simón tuvo que estirar se para desviar a córner.

n. El arranque de partido <u>cogió</u> a los blancos menos metidos que los vitorianos, como demostró el gol de Manu.

o. Exigencias que les fueron vetadas por los negociadores socialistas. El remate, que los <u>cogió</u> a Sánchez y a su equipo con el pie cambiado, fue cuando, en

p. tarde del 22 de mayo en San Isidro, cuando un toro lo <u>cogió</u> para matarlo, casi lo revienta.

Ejemplos tomados del Corpus del español de Mark Davies, disponible online en https://www.corpusdelespanol.org/xs.asp.

PROBLEMA 3. Establece las relaciones semánticas existentes entre las siguientes palabras. Busca los semas distintivos de estas palabras y cuáles son las similitudes y diferencias entre unas y otras.

a. Afecto   d. Simpatía   g. Amistad   j. Cordialidad
b. Amor   e. Lealtad   h. Apego
c. Emoción   f. Deseo   i. Cariño

PROBLEMA 4. En las siguientes series de palabras, establece en qué medida se trata de auténticos sinónimos o no. Establece las diferencias o semejanzas existentes en cada serie e indica de qué naturaleza son (social, contextual, dialectal, etc.).

a. Pijo, pituco, fresa, señorito, esnob
b. Chévere, guay, padre, genial
c. Guiri, gabacho, yanqui, moro, gringo
d. Tío, güey, huevón, boludo, maje, amigo, mano, pata, barbas
e. Hortera, ordinario, basto, chabacano, vulgar, macarra

PROBLEMA 5. El *Diccionario ideológico de la lengua española* de Julio Casares (1984) relaciona las siguientes palabras con *amistad*: "adhesión", "lealtad", "trato", "intimidad", "hermandad", "compañerismo", "camaradería", "dependencia", "confianza", "familiaridad", "amigabilidad". Analiza las razones que podrían llevarnos a usar esas palabras en su lugar. ¿Se trata de razones semánticas o pragmáticas?

PROBLEMA 6. Busca situaciones en las que las siguientes expresiones son descorteses y otras en las que no lo sean. Explica por qué:

a. ¡Viva México, cabrones!
b. ¿Aún no te has ido?

c. ¿Y tú trabajas en algo?

d. Muchas gracias por nada.

e. ¿Me puede usted dejar hablar?

f. Ese problema deberías mirártelo.

g. ¡Qué tonto eres!

h. ¡La regué!

PROBLEMA 7. En la escena que figura 6.1 en la viñeta de Quino, ¿te parece que existe cortesía en la pregunta de Mafalda a su madre? ¿Por qué? ¿Cómo se relaciona la cortesía con las implicaciones de su pregunta?

FIGURA 6.1. Viñeta 1139 de Mafalda   −

PARA SABER MÁS

Un tratamiento sucinto y actual de la semántica del español puede encontrarse en Curcó (2021). Si se desea una visión de la semántica lógica y de algunos aspectos claves de la pragmática, se recomienda Hurford, Heasley y Smith (2007). Una de las obras de referencia para muchos estudiosos contemporáneos de la semántica es el volumen de Lyons (1977). En lo relativo a la pragmática, es fundamental todavía hoy la lectura del volumen de Levinson (1983), que trata tanto la dimensión lingüística como la filosófica de la disciplina, aunque constituye una obra avanzada. Una introducción más accesible a la disciplina es la planteada por Yule (1996). Para una visión eminentemente práctica y muy breve de la pragmática, pueden manejarse los dos cuadernos de Reyes, Baena y Urios (2000a, 2000b). Una visión de los aspectos centrales de la pragmática y el discurso desde una perspectiva sociolingüística en español puede encontrarse en Félix-Brasdefer (2019).

El sistema verbal del español: verbo "comprar"

Para algunos tiempos, se incluyen diferentes nomenclaturas. La primera de ellas es la de uso más frecuente en Estados Unidos. Los otros términos proceden de la gramática de la Real Academia y de la gramática de Andrés Bello. No se incluyen formas dialectales.

TIEMPO	MODO	
Formas simples	INDICATIVO	SUBJUNTIVO
PRESENTE	compro compras compra compramos compran	compre compres compre compremos compren
IMPERFECTO / PRETÉRITO IMPERFECTO / COPRETÉRITO (indicativo) PRETÉRITO (subjuntivo)	compraba comprabas compraba comprábamos compraban	comprara/comprase compraras/comprases comprara/comprase compráramos/comprásemos compraran/comprasen
PRETÉRITO / PRETÉRITO PERFECTO SIMPLE	compré compraste compró compramos compraron	
FUTURO / FUTURO SIMPLE	compraré comprarás comprará compraremos comprarán	

TIEMPO	MODO	
CONDICIONAL / CONDICIONAL SIMPLE / POSPRETÉRITO	compraría comprarías compraría compraríamos comprarían	
Formas compuestas	**INDICATIVO**	**SUBJUNTIVO**
PRESENTE PERFECTO / PRETÉRITO PERFECTO COMPUESTO / ANTEPRESENTE	he comprado has comprado ha comprado hemos comprado han comprado	haya comprado hayas comprado haya comprado hayamos comprado hayan comprado
PASADO PERFECTO / PLUSCUAMPERFECTO / ANTECOPRETÉRITO / ANTEPRETÉRITO	había comprado habías comprado había comprado habíamos comprado habían comprado	hubiera/hubiese comprado hubieras/hubieses comprado hubiera/hubiese comprado hubiéramos/hubiésemos comprado hubieran/hubiesen comprado
FUTURO COMPUESTO / ANTEFUTURO	habré comprado habrás comprado habrá comprado habremos comprado habrán comprado	
CONDICIONAL COMPUESTO / ANTEPOSPRETÉRITO	habría comprado habrías comprado habría comprado habríamos comprado habrían comprado	

El sistema verbal del español: verbo "correr"

TIEMPO	MODO	
Formas simples	**INDICATIVO**	**SUBJUNTIVO**
PRESENTE	corro corres corre corremos corren	corra corras corra corramos corran
IMPERFECTO / PRETÉRITO IMPERFECTO / COPRETÉRITO (indicativo) PRETÉRITO (subjuntivo)	corría corrías corría corríamos corrían	corriera/corriese corrieras/corrieses corriera/corriese corriéramos/corriésemos corrieran/corriesen
PRETÉRITO / PRETÉRITO PERFECTO SIMPLE	corrí corriste corrió corrimos corrieron	
FUTURO / FUTURO SIMPLE	correré correrás correrá correremos correrán	
CONDICIONAL / CONDICIONAL SIMPLE / POSPRETÉRITO	correría correrías correría correríamos correrían	

TIEMPO	MODO	
Formas compuestas	**indicativo**	**SUBJUNTIVO**
PRESENTE PERFECTO / PRETÉRITO PERFECTO COMPUESTO / ANTEPRESENTE	he corrido has corrido ha corrido hemos corrido han corrido	haya corrido hayas corrido haya corrido hayamos corrido hayan corrido
PASADO PERFECTO / PLUSCUAMPERFECTO / ANTECOPRETÉRITO / ANTEPRETÉRITO	había corrido habías corrido había corrido habíamos corrido habían corrido	hubiera/hubiese corrido hubieras/hubieses corrido hubiera/hubiese corrido hubiéramos/hubiésemos corrido hubieran/hubiesen corrido
FUTURO COMPUESTO / ANTEFUTURO	habré corrido habrás corrido habrá corrido habremos corrido habrán corrido	
CONDICIONAL COMPUESTO / ANTEPOSPRETÉRITO	habría corrido habrías corrido habría corrido habríamos corrido habrían corrido	

El sistema verbal del español: verbo "partir"

TIEMPO	MODO	
Formas simples	**INDICATIVO**	**SUBJUNTIVO**
PRESENTE	parto partes parte partimos parten	parta partas parta partamos partan
IMPERFECTO / PRETÉRITO IMPERFECTO COPRETÉRITO (indicativo) PRETÉRITO (subjuntivo)	partía partías partía partíamos partían	partiera/partiese partieras/partieses partiera/partiese partiéramos/partiésemos partieran/partiesen
PRETÉRITO / PRETÉRITO PERFECTO SIMPLE	partí partiste partió partimos partieron	
FUTURO / FUTURO SIMPLE	partiré partirás partirá partiremos partirán	
CONDICIONAL / CONDICIONAL SIMPLE / POSPRETÉRITO	partiría partirías partiría partiríamos partirían	

TIEMPO	MODO	
Formas compuestas	**INDICATIVO**	**SUBJUNTIVO**
PRESENTE PERFECTO / PRETÉRITO PERFECTO COMPUESTO / ANTEPRESENTE	he partido has partido ha partido hemos partido han partido	haya partido hayas partido haya partido hayamos partido hayan partido
PASADO PERFECTO / PLUSCUAMPERFECTO / ANTECOPRETÉRITO / ANTEPRETÉRITO	había partido habías partido había partido habíamos partido habían partido	hubiera/hubiese partido hubieras/hubieses partido hubiera/hubiese partido hubiéramos/hubiésemos partido hubieran/hubiesen partido
FUTURO COMPUESTO / ANTEFUTURO	habré partido habrás partido habrá partido habremos partido habrán partido	
CONDICIONAL COMPUESTO / ANTEPOSPRETÉRITO	habría partido habrias partido habría partido habríamos partido habrían partido	

Glosario de términos lingüísticos

Acortamiento (clipping, shortening): palabra en la que se elimina alguna sílaba para mostrar afectividad o coloquialidad.

Actuación (performance): usos lingüísticos concretos basados en la competencia del hablante.

Adjetiva, frase (adjective, phrase): tipo de frase cuyo núcleo es un adjetivo.

Adjetivo (adjective): clase de palabra variable en cuanto a género y número. Se puede expresar en grado comparativo y superlativo. Se combina con el sustantivo. Designa propiedades y cualidades.

Adjunto (adjunct): vid. Complemento circunstancial.

Adverbial, frase (adverbial, phrase): tipo de frase cuyo núcleo es un adverbio.

Adverbio (adverb): clase de palabra invariable. Se combina con el verbo.

Africado (affricate): combinación de los modos de articulación oclusivo y fricativo. Al igual que las consonantes oclusivas, para pronunciar las consonantes africadas, se cierra completamente el paso del aire. Al igual que las consonantes fricativas, se expulsa el aire produciendo fricción.

Agente (agent): papel semántico que remite al participante que realiza la acción del verbo.

Aguda (oxytone): término que se utiliza para describir las palabras cuyo acento tónico recae en la última sílaba de la palabra.

Alargada (spread, unrounded): vid. No-redondeada.

Alófono (allophone): manifestación concreta de un fonema.

Alomorfo (allomorph): cada uno de los morfos de un morfema.

Alta, vocal (high, vowel): elemento fónico pronunciado en la parte superior de la boca.

Alternancia de código (code-switching): combinación secuencial de dos lenguas en el discurso de un mismo hablante.

Alveolar (alveolar): punto de articulación de la consonante que se pronuncia tocando con la lengua los alveolos.

Anterior, vocal (palatal / front vowel): vid. Palatal.

Antonimia (antonymy): relación semántica que se establece entre palabras que tienen significados opuestos.

Apelativa, función (conative, function): vid. Directiva.

Arbitrariedad (arbitrariness): característica del lenguaje humano que establece que la relación entre la señal lingüística y el significado que transmite no es natural ni está motivada, sino que es convencional.

Arcaísmo (archaism): palabra que se utilizaba en etapas anteriores de la lengua, pero que ha caído en desuso.

Argot (argot): lenguaje específico de un grupo que comparte la misma profesión, nivel social o procedencia geográfica.

Artículo (article): tipo de determinante ("el, la, los, las") cuya función es identificar el nombre al que acompaña.

Aspecto (aspect): morfema flexivo a través del que se gramaticalizan significados relacionados con en el tiempo interno de la acción.

Ataque (onset): vid. Cabeza.

Átona, sílaba (atonic/unstressed, syllable): se utiliza este término para referirse a todas las sílabas de una palabra que no son tónicas.

Atributo (predicative complement): función sintáctica típica de las oraciones copulativas que está desempeñada por un sustantivo (o frase nominal) o adjetivo (o frase adjetiva) que concuerda en género y número con el sujeto de la oración. El atributo se conoce también como predicativo.

Baja, vocal (low, vowel): elemento fónico que se articula en la parte inferior de la boca.

Bilabial (bilabial): punto de articulación de la consonante que se pronuncia juntando o aproximando los labios.

Bilingüismo (bilingualism): capacidad de utilizar dos lenguas con fluidez. Uso de más de una lengua por parte de un individuo o grupo.

Cabeza (onset): parte de la sílaba que remite a la consonante o consonantes que aparecen antes del núcleo. También se conoce como ataque.

Calco (calque): palabra o construcción que se traduce literalmente de otra lengua.

Caló (Spanish Caló, Spanish Romani): variedad de la lengua romaní hablada por los gitanos de España, Francia y Portugal.

Cambio lingüístico (language change): diferencia en el uso de una lengua a lo largo del tiempo.

Campo léxico (lexical field): conjunto de palabras de diferentes clases que remiten a un mismo tema.

Campo semántico (semantic field): conjunto de palabras de la misma clase que tienen algún rasgo semántico en común.

Caracterizador (specifier): función sintáctica que desempeña en la frase nominal el artículo o cualquier elemento que puede ocupar la misma posición que el artículo.

Castellanización (castilianization): proceso de imposición del castellano a pueblos o personas que no lo hablaban de modo habitual.

Castellano drecho (first Castilian standard): variedad lingüística promovida por la corte del rey Alfonso X el Sabio para el castellano como primera lengua común o estándar durante el siglo XIII.

Circunfijo (circumfix): morfema discontinuo que rodea la raíz.

Cláusula (clause): vid. Oración.

Clítico (clitic): pronombre personal de objeto directo e indirecto, tanto no reflexivo como reflexivo.

Coda (coda): parte de la sílaba correspondiente a la consonante o consonantes que aparecen después del núcleo.

Cognados (cognates): pares de palabras que pertenecen a lenguas diferentes, pero que tienen el mismo origen.

Competencia (competence): conocimiento implícito que tiene el hablante de las reglas lingüísticas de su lengua nativa.

Competencia comunicativa (communicative competence): conocimiento implícito del hablante en lo que respecta a las reglas de interacción que existen en una comunidad de habla.

Complemento circunstancial (adjunct): función sintáctica que indica las circunstancias (p.ej., tiempo, lugar, modo) en las que tienen lugar el evento que expresa el verbo. No está exigido por el verbo, así que puede aparecer con cualquier tipo de oración.

Complemento directo (direct object): vid. Objeto directo.

Complemento indirecto (indirect object): vid. Objeto indirecto.

Composición (compounding): proceso de formación de palabras que implica dos o más raíces.

Compuesta, oración (complex, sentence): tipo de oración que tiene dos o más verbos.

Conjunción (conjunction): clase de palabra invariable. Une elementos de la misma categoría si es coordinante y verbos (oraciones) si es subordinante.

Connotación (connotation): conjunto de valores subjetivos que se asocian con una palabra. Estos valores subjetivos pueden ser creados por individuos específicos o comunidades enteras.

Consonante (consonant): sonido que se pronuncia provocando algún tipo de obstrucción en algún lugar del aparato fonador.

Contextualidad (contextuality): característica del lenguaje humano que determina que, para entender el significado de una unidad lingüística, es necesario saber el contexto en el que se utiliza.

Copulativa, oración (copulative, clause): tipo de oración simple en la que los verbos "ser", "estar" o "parecer" unen un sujeto y un sustantivo (o frase nominal) o adjetivo (o frase adjetiva) que nos indica alguna cualidad del sujeto. Las oraciones copulativas también se conocen como oraciones de predicado nominal.

Cortesía (politeness): habilidad comunicativa destinada a mitigar las tensiones de un posible conflicto en la interacción entre personas.

Cultismo (learned word): palabra del latín o del griego que se incorporó al español sin cambios fonéticos.

Deíxis (deixis): fenómeno pragmático que caracteriza a las unidades lingüísticas que remiten a los componentes del acto comunicativo: emisor, receptor, tiempo, lugar, etc. Puede hacer referencia también a un grupo social, lugar o momento del discurso.

Demostrativo (demonstrative): tipo de determinante que se utiliza para expresar localización en el espacio o tiempo ("este-ese-aquel").

Denotación (denotation): significado objetivo de una palabra. La denotación incluye el significado extensional (que abarca un conjunto de entidades) e intensional (el conjunto de propiedades que comparten esas entidades).

Dental (dental): punto de articulación de la consonante que se pronuncia poniendo en contacto la lengua con los dientes superiores.

Derivación (derivation, derivational morphology): proceso de formación de palabras que implica una raíz y uno o varios morfemas derivativos.

Derivativo, morfema (derivational, morpheme): cualquier prefijo, sufijo y circunfijo que permite crear palabras nuevas.

Descriptiva, lingüística (descriptive, linguistics): aproximación al estudio del lenguaje que identifica, sin emitir juicios de valor, cómo funciona la lengua estudiando su uso real.

Desplazamiento (displacement): característica del lenguaje humano que permite hablar sobre eventos situados en otro espacio y tiempo, distintos del lugar y momento en el que se efectúa la comunicación.

Determinante (determiner): clase de palabra variable en cuanto a género y número. Acompaña al sustantivo. Designa significados como identificación, posesión, espacio, cantidad e interrogación/exclamación.

Diacrónica, variación (diachronic, variation): variación temporal; surge por el hecho de que las lenguas cambian a través del tiempo.

Diafásica, variación (diaphasic, variation): variación contextual; surge del hecho de que un mismo hablante utiliza la lengua de manera diferente dependiendo del contexto en el que esté.

Dialecto (dialect): cada una de las variedades de una lengua que surgen de la variación geográfica o diatópica.

Dialectal, forma o **vocabulario** (dialectal, form or vocabulary): palabra procedente de una variedad determinada de la lengua que no es propia de todos los territorios o regiones donde se habla.

Diastrática, variación (diastratic, variation): variación sociocultural; surge del hecho de que los hablantes utilizan la lengua de manera diferente dependiendo de su estatus socioeconómico.

Diatópica, variación (diatopic, variation): variación geográfica; surge por el hecho de que una misma lengua se habla de maneras diferentes según el lugar en el que nos situemos.

Diptongo (diphthong): combinación de vocal y semivocal en una misma sílaba.

Directiva, función (directive, function): función del lenguaje cuyo objetivo es provocar algún tipo de acción en lo que respecta al receptor del mensaje.

Director (governor): función sintáctica que desempeñan las preposiciones en las frases preposicionales.

Ditransitiva, oración (ditransitive, clause): tipo de oración simple que lleva objeto directo y objeto indirecto.

Doble articulación (duality of patterning): característica del lenguaje humano que permite segmentar los mensajes en unidades más pequeñas con significante y significado (primera articulación) y con únicamente significante (segunda articulación).

Doblete etimológico (etymological doublets): par de palabras, una patrimonial y otra culta, que tienen el mismo origen.

Esdrújula (proparoxytone): término que se utiliza para describir las palabras cuyo acento tónico recae en la antepenúltima sílaba de la palabra.

Estándar, variedad (standard, variety): variedad intralingüística de mayor prestigio que se utiliza como modelo para las demás variedades de la lengua.

Estandarización (standardization): proceso de creación de una variedad formal ampliamente difundida, aceptada y usada de forma unitaria en el sistema educativo y los medios de comunicación.

Estética, función (aesthetic, function): vid. Lúdica.

Estilo (style): vid. Registro.

Estructura endocéntrica (endocentric structure): tipo de estructura en la que existe un elemento obligatorio y uno o más elementos opcionales.

Estructura exocéntrica (exocentric structure): tipo de estructura en la que hay dos elementos obligatorios.

Experimentador (experiencer): papel semántico que remite al participante más activo de una oración en la que no hay un verbo de acción.

Expresiva, función (expressive, function): función del lenguaje cuyo objetivo es transmitir información en lo que respecta al emisor del mensaje (p. ej., sus sentimientos o evaluaciones).

Extensión semántica (semantic extension): uso de una palabra con un significado nuevo.

Factitiva, función (factitive, function): función del lenguaje cuyo objetivo es llevar a cabo una acción con las palabras.

Fática, función (phatic, function): función del lenguaje cuyo objetivo es comprobar que la comunicación está teniendo lugar de manera efectiva; se enfoca en el canal del acto comunicativo.

Flexivo, morfema (inflectional, morpheme): cualquier morfema altamente productivo que expresa significados relacionados con el género, número, persona, tiempo, modo, aspecto y voz.

Fonema (phoneme): sonido contrastivo. Tenemos un fonema cuando al reemplazar un sonido por otro obtenemos una palabra con un significado diferente.

Fonética (phonetics): disciplina lingüística que estudia la parte material de los sonidos (sus características articulatorias, acústicas y auditivas).

Fonología (phonology): disciplina lingüística que estudia las unidades de la segunda articulación, es decir, unidades sin significado (p. ej., fonema y sílabas).

Forma no personal (non-finite form): forma verbal que no está conjugada en cuanto a número y persona.

Forma personal (finite form): forma verbal que está conjugada en cuanto a número y persona.

Formas de tratamiento (forms of address): pronombres o nombres que se utilizan para dirigirse al interlocutor.

Frase (phrase): unidad sintáctica que consta de dos o más palabras que cumplen una sola función sintáctica.

Fricativo (fricative): modo de articulación que remite a las consonantes para cuya pronunciación se produce un estrechamiento del paso del aire en algún lugar del aparato fonador y se expulsa el aire produciendo fricción o ruido.

Función del lenguaje (function of language): se utiliza este término para hacer referencia al objetivo o propósito por el cual nos comunicamos con otras personas.

Función sintáctica (grammatical relation/function): tipo de relación que se establece entre las unidades que forman una frase u oración.

Género (gender): morfema flexivo a través del que se clasifican los nombres en dos categorías: masculino y femenino.

Gerundio (gerund): forma no personal del verbo que termina en "-ndo".

Glosas (glosses): anotaciones marginales en romance a textos latinos para explicar el significado de palabras o expresiones del texto.

Glotal (glottal): punto de articulación que se refiere a consonantes que se articulan aproximando las cuerdas vocales y creando fricción.

Grafema (grapheme): unidad mínima del sistema de escritura alfabético. También se conoce como letra.

Grave (paroxitone): término que se utiliza para describir las palabras cuyo acento tónico recae en la penúltima sílaba de la palabra. Un término equivalente es "llana".

Habla (parole/speech): manifestación concreta de la lengua.

Hablante nativo (native speaker): persona que ha aprendido una lengua durante la infancia de un modo intuitivo.

Hiato (hiatus): dos vocales contiguas que pertenecen a sílabas diferentes.

Hibridación (hybridization): Proceso de combinación de elementos de dos o más lenguas en una variedad determinada.

Hiperonimia (hyperonymy): relación semántica que se establece entre dos palabras cuando una de ellas engloba a la otra.

Hiponimia (hyponymy): relación semántica que se establece entre dos palabras cuando el significado de una se puede incluir dentro de la otra.

Homofonía (homophony): relación semántica que se establece entre palabras que se pronuncian igual, pero se escriben diferente.

Homografía (homography): relación entre dos palabras que se escriben del mismo modo.

Homonimia (homonymy): relación semántica que se establece entre palabras que se pronuncian igual, pero cuyo significado no está relacionado, sino que remiten a diferentes orígenes o etimologías.

Impersonal, oración (impersonal, clause): tipo de oración que carece de sujeto. También se llama unipersonal.

Indefinido (indefinite): tipo de determinante que se utiliza para introducir un participante por primera vez en el discurso ("un") o para expresar una cantidad indeterminada ("algún, ningún").

Infinitivo (infinitive): forma no personal del verbo cuyas desinencias son "-ar", "-er" o "-ir".

Informativa, función (referential, function): función del lenguaje cuyo objetivo es transmitir información sobre los referentes del acto comunicativo, la realidad externa del lenguaje.

Interdental (interdental): punto de articulación que remite a sonidos que se pronuncian colocando la lengua en la parte baja de los dientes superiores y dejando que el aire salga entre ellos.

Intransitiva, oración (intransitive, clause): tipo de oración simple que carece de objeto directo.

Jerga (jargon): lenguaje especializado referido a una profesión.

Labiodental (labiodental): punto de articulación para describir una consonante en cuya articulación intervienen los labios y los dientes.

Lateral (lateral): modo de articulación de sonidos que se pronuncian produciendo una obstrucción en algún punto de la boca y dejando que el aire salga por los lados.

Latín vulgar (vulgar Latin): variedad o conjunto de variedades del latín de tipo oral habladas en situaciones coloquiales y no-formales.

Lengua (language / "langue"): manifestación concreta del lenguaje. Una lengua es un sistema de signos que utiliza una comunidad de hablantes. Son ejemplos de lenguas el español, gallego, inglés, árabe y quechua.

Lengua criolla (creole language): variedad lingüística con hablantes nativos que resulta del contacto entre grupos sin una lengua común.

Lengua de sujeto nulo (null subject language): se utiliza este término para describir lenguas como el español en las que el sujeto pronominal se puede omitir, dado que está expresado en las desinencias verbales. También se conoce como lengua "pro drop".

Lengua general (language of wider communication): lengua indígena latinoamericana utilizada durante el período colonial, desde los Andes hasta Brasil, para designar las lenguas amerindias más habladas por los colonizadores como medios de evangelización y administración.

Lengua materna (mother tongue, first language): lengua adquirida de forma intuitiva durante la infancia en la familia o en la comunidad. Se conoce también como lengua inicial.

Lengua neolatina (neo-Latin language): vid. Lengua romance.

Lengua oficial (official language): idioma que tiene reconocimiento legal expreso en las leyes de un país, territorio o institución.

Lengua prelatina (pre-Latin language): Lengua hablada de forma habitual antes de la llegada del latín en territorios como la Península Ibérica.

Lengua "pro drop" (pro drop language): vid. Lengua de sujeto nulo.

Lengua propia (official traditional language (in Spain)): lengua declarada oficial en una Comunidad Autónoma de España o en

Andorra, que se originó en ese territorio y se considera parte de su identidad sociocultural.

Lengua romance (Romance language): lengua surgida a partir del latín. También se llama lengua románica o lengua neolatina.

Lengua románica (Romance language): vid. Lengua romance.

Lenguaje (language): capacidad general y abstracta que tiene el ser humano para la comunicación.

Letra (letter): vid. Grafema.

Líquidas (liquids): término que se utiliza para referirse a las consonantes laterales y vibrantes.

Llana (paroxytone): vid. Grave.

Lúdica, función (ludic, function): función del lenguaje cuyo objetivo es transmitir un mensaje de manera creativa a través de juegos de palabras u otros mecanismos lingüísticos.

Marcador discursivo (discourse marker): palabra o conjunto de palabras que adquieren valores discursivos al expresar el punto de vista del hablante en lo que respecta a cómo se conectan las oraciones en el discurso. También se llaman marcadores pragmáticos.

Marcador pragmático (pragmatic marker): vid. Marcador discursivo.

Media, vocal (mid, vowel): elemento fónico pronunciado en la parte intermedia de la boca.

Metáfora (metaphor): transferencia de significado de una palabra a otra con la que se compara sin mencionarla.

Metalingüística, función (metalingual/metalinguistic, function): función del lenguaje cuyo objetivo es transmitir información sobre la lengua utilizando la misma lengua.

Metonimia (metonymy): transferencia de significado de una palabra a otra con la que está vinculada, frecuentemente por una relación de inmediación o contigüidad.

Modificador (modifier): función sintáctica que desempeñan todos los elementos opcionales de una frase adjetiva y adverbial, y todos los elementos opcionales de una frase nominal que no funcionan de caracterizador.

Modo (mood): morfema flexivo a través del que se gramaticalizan significados relacionados con la actitud del hablante ante el mensaje.

Modo de articulación (manner of articulation): tipo de cierre o estrechamiento que tiene lugar en el aparato fonador cuando se pronuncia una consonante.

Morfema (morpheme): unidad mínima con significado.

Morfo (morph): significante del morfema.

Morfología (morphology): disciplina lingüística que estudia la estructura interna de las palabras y su tipología.

Nasal (nasal): modo de articulación que se aplica a aquellos sonidos que se pronuncian cuando el velo del paladar está bajo y el aire sale por la nariz.

Neologismo (neologism): palabra de incorporación reciente en una lengua.

No redondeada (unrounded, spread): vocal pronunciada sin curvar los labios.

Nominal, frase (noun, phrase): tipo de frase cuyo núcleo es un sustantivo.

Núcleo (head): función sintáctica que desempeña el elemento obligatorio de una frase nominal, adjetiva o adverbial. Parte de la sílaba que está constituida por una vocal, diptongo o triptongo.

Numeral (numeral): tipo de determinante que se utiliza para expresar una cantidad determinada ("un, dos, primer, segundo").

Número (number): morfema flexivo a través del que se gramaticalizan significados relacionados con la cantidad.

Objeto directo (direct object): función sintáctica que designa al paciente de la acción. Solamente lleva la preposición "a" si remite a un participante humano; se puede sustituir por los pronombres "me", "te", "lo", "la", "nos", "los", "las" y se puede convertir en sujeto de una oración pasiva. También se conoce como complemento directo.

Objeto indirecto (indirect object): función sintáctica que designa normal al receptor o beneficiario en una oración ditransitiva. Lleva siempre la preposición "a" y aparece duplicada en el verbo a través de los pronombres "me", "te", "le", "nos", "les". En las oraciones con verbos del tipo *gustar*, el objeto indirecto es el experimentador del estado psicológico expresado por el verbo. También se conoce como complemento indirecto.

Objeto preposicional (prepositional phrase complement/prepositional object): función sintáctica que está exigida por el verbo y encabezada por una preposición específica que requiere el verbo y que no se puede cambiar. También se conoce como suplemento.

Oclusivo (plosive): modo de articulación que se utiliza para referirse a consonantes que se pronuncian cerrando completamente el paso del aire durante milésimas de segundo en algún lugar del aparato fonador y dejando que el aire salga abruptamente.

Oración (sentence/clause): unidad sintáctica cuyo constituyente inmediato es un verbo. Un término equivalente es "cláusula".

Oralidad (orality): característica del lenguaje humano por la cual utilizamos la boca y el oído para comunicarnos.

Paciente (patient): papel semántico que hace referencia al participante que se ve afectado por la acción del verbo.

Palabra (word): unidad biplana (con significante y significado) aislable y con límites fijos. La palabra lingüística no siempre coincide con la palabra ortográfica.

Palatal (palatal): punto de articulación de una consonante para cuya pronunciación el dorso de la lengua toca o se inclina hacia el paladar duro. Vocal pronunciada en la parte anterior de la boca.

Par mínimo (minimal pair): serie de dos palabras que se diferencian por poseer únicamente un fonema diferente.

Parasíntesis (parasynthesis): proceso de formación de palabras que implica dos o más raíces y uno o varios morfemas derivativos.

Participio (participle): forma no personal del verbo que termina en "-ado"/"-ido" si el verbo es regular.

Patrimonial, palabra (orally-transmitted word): palabra cuyo origen está en el latín y que fue tomada por el español desde la Edad Media, con lo cual experimentó todos los cambios fonéticos que tuvieron lugar a lo largo de la historia de la lengua.

Performativa, función (performative function): vid. Factitiva.

Perífrasis verbal (verbal periphrasis): construcción formada por dos o más verbos que expresan un significado unitario. En las perífrasis verbales, uno de los verbos está conjugado y pierde (parte de) su significado léxico y los demás verbos están en forma no personal, es decir, infinitivo, gerundio o participio.

Persona (person): morfema flexivo a través del que se gramaticalizan significados relacionados con los participantes del acto comunicativo.

Pidgin (pidgin): variedad lingüística sin hablantes nativos que surge en situaciones de contacto a partir de dos o más lenguas ya existentes entre grupos que no poseen una lengua común y necesitan comunicarse entre sí.

Planificación del corpus (corpus planning): vid. Estandarización.

Poética, función (poetic, function): vid. Lúdica.

Polisemia (polysemy): relación semántica que se establece entre los significados de una palabra cuando todos ellos remiten a un origen común; es decir, tienen el mismo étimo.

Posesivo (possessive): tipo de determinante que se utiliza para expresar el poseedor ("mi-tu-su-nuestro/a"). Concuerda en género y número con la cosa poseída ("mi libro-mis libros", "nuestra casa-nuestro coche").

Posterior, vocal (velar / back vowel): Vid. Velar.

Pragmática (pragmatics): disciplina lingüística que estudia el significado contextual y las reglas de la conversación humana.

Predicado nominal (nominal predicate): vid. Copulativa (oración).

Predicado (predicate): función sintáctica que desempeña el verbo al nivel de la oración.

Predicativo (predicative complement): vid. Atributo.

Prefijo (prefix): morfema que se coloca antes de la raíz.

Preposición (preposition): clase de palabra invariable. Une un nombre (o frase nominal) con otra palabra.

Preposicional, frase (prepositional, phrase): tipo de frase con dos elementos obligatorios, el primero de los cuales es una preposición.

Prescriptiva, lingüística (prescriptive, linguistics): aproximación al estudio del lenguaje cuyo principal objetivo es determinar cuáles son los usos correctos e incorrectos de la lengua.

Préstamo (loanword, borrowing): palabra o elemento lingüístico tomado de otra lengua.

Prevaricación (prevarication): característica del lenguaje humano a través de la cual el individuo puede no decir la verdad.

Productividad (productivity): característica del lenguaje humano que permite a sus usuarios emitir mensajes infinitos con un número limitado de elementos lingüísticos.

Pronombre personal (personal pronoun): clase de palabra variable en cuanto a género, número y persona. La forma del pronombre personal también varía según la función sintáctica que cumple en la oración y la reflexividad. Se combina con el verbo.

Punto de articulación (place of articulation): la parte del aparato fonador en el que se produce la obstrucción para pronunciar una consonante de manera más marcada.

Purismo (purism): ideología que propugna el rechazo a elementos procedentes de otras lenguas o de variedades subestándares.

Raíz (root, stem): morfema que contiene la carga de significado fundamental de la palabra.

Rasgo semántico (semantic feature): vid. Sema.

Recursividad (recursion): característica del lenguaje humano que permite que un mensaje se genere a sí mismo.

Redondeada (rounded): vocal pronunciada curvando en círculo los labios.

Reflexividad (reflexivity): característica del lenguaje humano que permite al individuo hablar del mismo lenguaje.

Registro (register): cada una de las variedades de una lengua que surgen de la variación contextual o difásica. Puede ser formal, coloquial o vulgar.

Representativa, función (referential, function): vid. Informativa.

Sema (seme): unidad más pequeña que podemos identificar al descomponer el significado. También se llama rasgo semántico.

Semántica (semantics): disciplina lingüística que estudia el significado básico, convencional e independiente del contexto.

Semivocal (semi-vowel): sonido que se asemeja a la vocal en el hecho de que no encuentra un obstáculo para la salida del aire, pero que se diferencia de la vocal en que la lengua no está estática, sino que se desliza en la boca.

Signo (sign): unidad básica del lenguaje que consta de dos caras: un significante (fónico) y un significado (conceptual).

Sílaba (syllable): unidad con solo un significante que consta de al menos una vocal que funciona como núcleo silábico.

Simple, oración (simple, clause): tipo de oración que consta solamente de un verbo.

Sincrónica, variedad (synchronic, variety): cada una de las variedades de una lengua a las que da lugar la variación temporal o diacrónica.

Sinonimia (synonymy): relación semántica que se establece entre palabras que tienen el mismo significado.

Sintaxis (syntax): disciplina lingüística que estudia la capacidad combinatoria de las palabras y las unidades superiores a la palabra: frases y oraciones.

Sobresdrújula (pre-proparoxytone): término que se utiliza para describir las palabras cuyo acento tónico recae en una sílaba anterior a la antepenúltima.

Sociolecto (sociolect): cada una de las variedades de una lengua a las que da lugar la variación sociocultural o diastrática.

Sonido (sound): segmento o unidad acústica que los seres humanos emitimos con el aparato fonador al hablar. También se llama fono.

Sufijo (suffix): morfema que se coloca después de la raíz.

Sujeto (subject): función sintáctica que desempeña el nombre o frase nominal que concuerda con el verbo en número y persona.

Suplemento (prepositional phrase complement / prepositional object): vid. Objeto preposicional.

Sustantivo (noun): clase de palabra variable en cuanto a género y número. Se combina con el determinante. Designa entidades, objetos y sustancias.

Tema (theme): papel semántico que remite al participante menos activo de una oración en la que no hay un verbo de acción.

Término (complement): función sintáctica que desempeña el segundo elemento obligatorio de una frase preposicional.

Tiempo (tense): morfema flexivo a través del que se gramaticalizan significados relacionados con el tiempo real.

Tónica, sílaba (tonic/stressed, syllable): sílaba que se emite con mayor fuerza cuando se pronuncia la palabra.

Transitiva, oración (transitive, clause): tipo de oración simple que lleva un objeto directo.

Triptongo (triphthong): combinación de semivocal, vocal y semivocal en una misma sílaba.

Unipersonal, oración (impersonal, clause): vid. Impersonal.

Uvular (uvular): punto de articulación de una consonante que se articula con la parte posterior de la lengua en fricción con la úvula.

Variación lingüística (language variation): fenómeno relativo a la heterogeneidad en los usos sincrónicos de una lengua.

Velar (velar): punto de articulación de una consonante que se articula cuando el dorso de la lengua toca o se inclina hacia el velo de paladar. Vocal pronunciada en la parte posterior de la boca.

Verbo (verb): clase de palabra variable en cuanto a tiempo, modo, aspecto y voz. También varía en cuanto a número y persona según el sujeto. Se combina con pronombres. Designa acciones.

Vibrante (flap, trill): se refiere a los sonidos que se pronuncian mientras la lengua vibra al entrar en contacto con los alveolos, una o varias veces.

Vocabulario (vocabulary): conjunto de palabras del que disponen los hablantes de una lengua.

Vocal (vowel): sonido que se pronuncia sin que el aire espirado encuentre ningún obstáculo.

Voz (voice): morfema flexivo a través del que se gramaticalizan significados relacionados con los participantes de una construcción y la función sintáctica que desempeñan en la oración.

Referencias bibliográficas

Alvar, Manuel, dir. 1996. *Manual de dialectología hispánica. El español de España*. Barcelona: Ariel.

Bello, Andrés. 1988 [1847]. *Gramática de la lengua castellana destinada al uso de los americanos. Notas de R. J. Cuervo*. Edición de Ramón Trujillo. Madrid: Arco Libros.

Bosque, Ignacio. 2015. *Las categorías gramaticales. Relaciones y diferencias*. 2.ª ed. Madrid: Síntesis.

Bosque, Ignacio y Violeta Demonte, dirs. 1999. *Gramática descriptiva de la lengua española*. Madrid: Espasa-Calpe.

Brohy, Claudine, Vicent Climent-Ferrando, Aleksandra Oszmianska-Pagett y Fernando Ramallo. 2019. *European Charter for Regional or Minority Languages. Classroom Activities*. Estrasburgo: Consejo de Europa.

Bybee, Joan. 2001. *Phonology and Language Use*. Cambridge: Cambridge University Press.

Cano Aguilar, Rafael. 2015. *El español a través de los tiempos*. 8.ª ed. Madrid: Arco Libros.

Cano Aguilar, Rafael, coord. 2004. *Historia de la lengua española*. Barcelona: Ariel.

Casares, Julio. 1984. *Diccionario ideológico de la lengua española*. Barcelona: Gustavo Gili.

Catlos, Brian A. 2018. *Kingdoms of Faith. A New History of Islamic Spain*. Nueva York: Basic Books.

Chomsky, Noam. 1965. *Aspects of the Theory of Syntax*. Cambridge, MA: MIT Press.

Crystal, David. 2010. *The Cambridge Encyclopedia of Language*. 3.ª ed. Cambridge: Cambridge University Press.

Curcó, Carmen. 2021. *Semántica. Una introducción al significado lingüístico en español*. Abingdon/Nueva York: Routledge.

D'Introno, Francesco. 2001. *Sintaxis generativa del español: evolución y análisis*. Madrid: Cátedra.

Davies, Mark. 2002. *Corpus del español*. Disponible en www.corpusdelespanol.org.

Eberhard, David M, Gary F. Simons y Charles D. Fenning, eds. 2023. *Ethnologue: Languages of the World*. 26.ª ed. Dallas, TX: SIL International. Versión en línea: http://www.ethnologue.com

Echenique Elizondo, María Teresa y Juan Pedro Sánchez Méndez. 2005. *Las lenguas de un reino. Historia lingüística hispánica*. Madrid: Gredos.

Escobar, Anna María y Kim Potowski. 2015. *El español de los Estados Unidos*. Cambridge: Cambridge Univ. Press.

Félix-Brasdefer, J. César. 2019. *Pragmática del español: contexto, uso y variación*. Abingdon/Nueva York: Routledge.

García-Sanjuán, Alejandro. 2013. *La conquista islámica de la península ibérica y la tergiversación del pasado: del catastrofismo al negacionismo*. Madrid: Marcial Pons Historia.

Gil, Juana. 1987. *Los sonidos del lenguaje*. Madrid: Síntesis.

Givón, Talmy. 2001. *Syntax. An Introduction*. Amsterdam/Filadelfia: John Benjamins.

Goetz, Rainer H. 2007. *La lengua española. Panorama sociohistórico*. Jefferson: McFarland.

Gordon, Matthew. 2016. *Phonological Typology: The Cross-Linguistic Study of Sound Systems*. Oxford/Nueva York: Oxford University Press.

Gutiérrez-Rexach, Javier, ed. 2016. *Enciclopedia de lingüística hispánica*. Londres/ Nueva York: Routledge.

Haspelmath, Martin. 2010. *Understanding Morphology*. 2.ª ed. Londres: Arnold.

Hockett, Charles. 1958. *A Course in Modern Linguistics*. Nueva York: MacMillan.

Hualde, J. Ignacio, Antxon Olarrea, Anna María Escobar, Catherine E. Travis y Cristina Sanz. 2021. *Introducción a la lingüística hispánica*. 3.ª ed. Cambridge: Cambridge University Press.

Hurford, James, Brendan Heasley y Michael Smith. 2007. *Semantics: A Coursebook*. Cambridge: Cambridge University Press.

Hymes, Dell. 1972. "On Communicative Competence". In *Sociolinguistics*, editado por John B. Pride y Janet Holmes, 269-285. Londres: Penguin.

Jakobson, Roman. 1960. "Linguistics and Poetics." In *Style in Language*, editado por Thomas Sebeok, 350-377. Cambridge, MA: MIT Press.

Jiménez Juliá, Tomás. 2006. *El paradigma determinante en español. Origen nominativo, formación y características*. Universidade de Santiago de Compostela: Servizo de Publicacións.

Lakoff, George y Mark Johnson. 1980. *Metaphors We Live By*. Chicago: University of Chicago Pres.

Levinson, Stephen. 1983. *Pragmatics*. Oxford/Nueva York: Oxford University Press.

Lipski, John. 1994. *Latin American Spanish*. Londres: Longman.

López García, Ángel. 2000. *Cómo surgió el español. Introducción a la sintaxis histórica del español antiguo*. Madrid: Gredos.

Lyons, John. 1977. *Semantics*. Cambridge: Cambridge University Press. Edición en línea de 2012.

Mackenzie, David. 1997. "Rise up and Walk: Spain's Forgotten Celts." *Galician Review* 1: 1-8.

Matthews, Peter H. 1991. *Morphology*. 2.ª ed. Cambridge: Cambridge University Press.

Moliner, María. 2008. *Diccionario de uso del español*. 3.ª ed. Madrid: Gredos.

Moreno Fernández, Francisco. 2005. *Historia social de las lenguas de España*. Barcelona: Ariel.

Moreno Fernández, Francisco. 2020. *Variedades de la lengua española*. Londres: Routledge.

Moreno Fernández, Francisco y Fernando Ramallo. 2013. *Las lenguas de España a debate*. Valencia: Uno y Cero.

Morgan, Terrell. A. 2010. *Sonidos en contexto: una introducción a la fonética del español con especial referencia a la vida real*. New Haven: Yale Universiy Press.

Moure, Teresa. 2001. *La lingüística en el conjunto del conocimiento. Una mirada crítica*. Lugo: Tris Tram.

Muñoz Basols, Javier, Nina Moreno, Inma Taboada y Manel Lacorte. 2017. *Introducción a la lingüística hispánica actual. Teoría y práctica*. Londres/Nueva York: Routledge.

Penny, Ralph. 2002. *A History of the Spanish Language*. Cambridge: Cambridge University Press.

Quilis, Antonio. 2010. *Principios de fonología y fonética españolas*. Madrid: Arco Libros.

Real Academia Española. 2014. *Diccionario de la lengua española*. 23.ª ed. Madrid: Espasa-Calpe. Disponible en línea en: http://dle.rae.es.

Real Academia Española. 2024. *Corpus del Español del Siglo XXI (CORPES)*. Disponible en línea en: https://www.rae.es/banco-de-datos/corpes-xxi.

Real Academia Española y Asociación de Academias de la Lengua Española. 2010. *Nueva gramática de la lengua española. Manual*. Madrid: Espasa.

Reyes, Graciela, Elisa Baena y Eduardo Urios. 2000a. *Ejercicios de pragmática (I)*. Madrid: Arco Libros.

Reyes, Graciela, Elisa Baena y Eduardo Urios. 2000b. *Ejercicios de pragmática (II)*. Madrid: Arco Libros.

Rojo, Guillermo. 1986. *El lenguaje, las lenguas y la lingüística*. Universidade de Santiago de Compostela: Servizo de Publicacións.

Rojo, Guillermo y Tomás Jiménez Juliá. 1989. *Fundamentos del análisis sintáctico funcional*. Universidade de Santiago de Compostela: Servizo de Publicacións.

Sánchez Méndez, Juan. 2002. *Historia de la lengua española en América*. Valencia: Tirant Lo Blanch.

Saussure, Ferdinand. 1916. *Cours de linguistique générale*. Paris: Payot.

Schwegler, Armin y Ana Ameal-Guerra. 2019. *Fonética y fonología españolas*. 3.ª ed. Nueva York: Wiley.

Schwenter, Scott. 1994. "'Hot news' and the grammaticalization of perfects". *Linguistics* 32: 995-1028.

Tallerman, Maggie. 2019. *Understanding Syntax*. 5.ª ed. Londres: Routledge.

Tuten, Donald N., Fernando Tejedo-Herrero, Rajiv Rao y H. Robyn Clarke. 2022. *Pronunciaciones del español*. Abingdon/Nueva York: Routledge.

Universidade de Vigo. s.d. *ADESSE: Base de datos de Verbos, Alternancias de Diátesis y Esquemas Sintáctico-Semánticos del Español*. Disponible en línea en http://adesse.uvigo.es/index.php/ADESSE/Inicio

WorldAtlas 2023. "Languages Most Commonly Used on the Web". *WorldAtlas.com. The Original Online Geography Resource*. https://www.worldatlas.com/articles/languages-most-commonly-used-by-the-web.

Yule, George. 1996. *Pragmatics*. Oxford: Oxford University Press.

Índice temático

Las letras 't' y 'f' se refieren a los materiales en tablas y figuras, respectivamente.